Koordination von Hand und Auge schulen

   Graphomotorische Fähigkeiten (Stift halten und bewegen) trainieren

   Die Kinder lernen, wie fest sie auf das Papier drücken können/müssen

   Durch verschiedene Stifte wird Variabilität trainiert (fest oder locker aufdrücken)

   Sie verbessern ihre Konzentration und Genauigkeit

   Sie können zwischen mehreren Linien eine fortlaufende herausfiltern

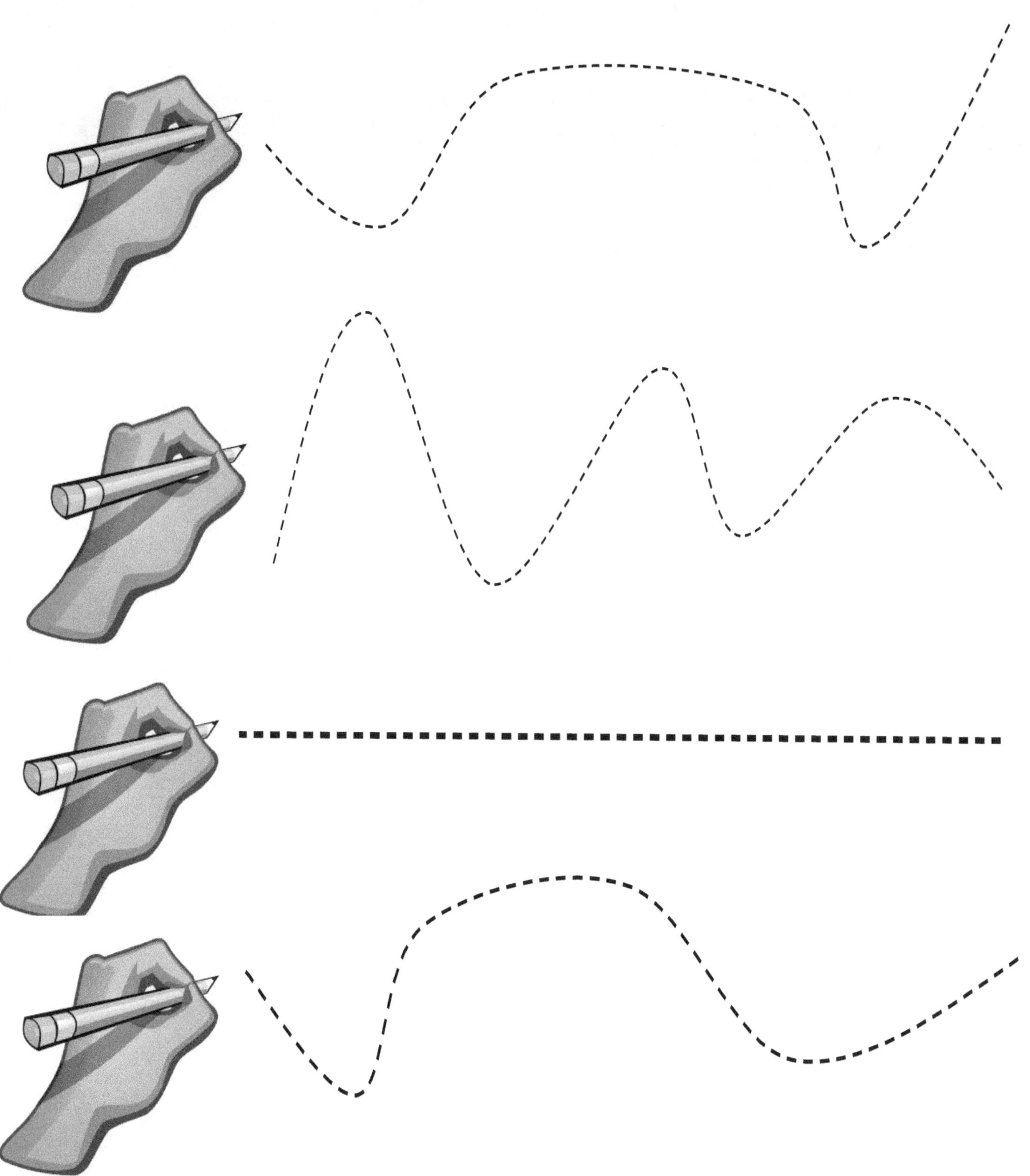

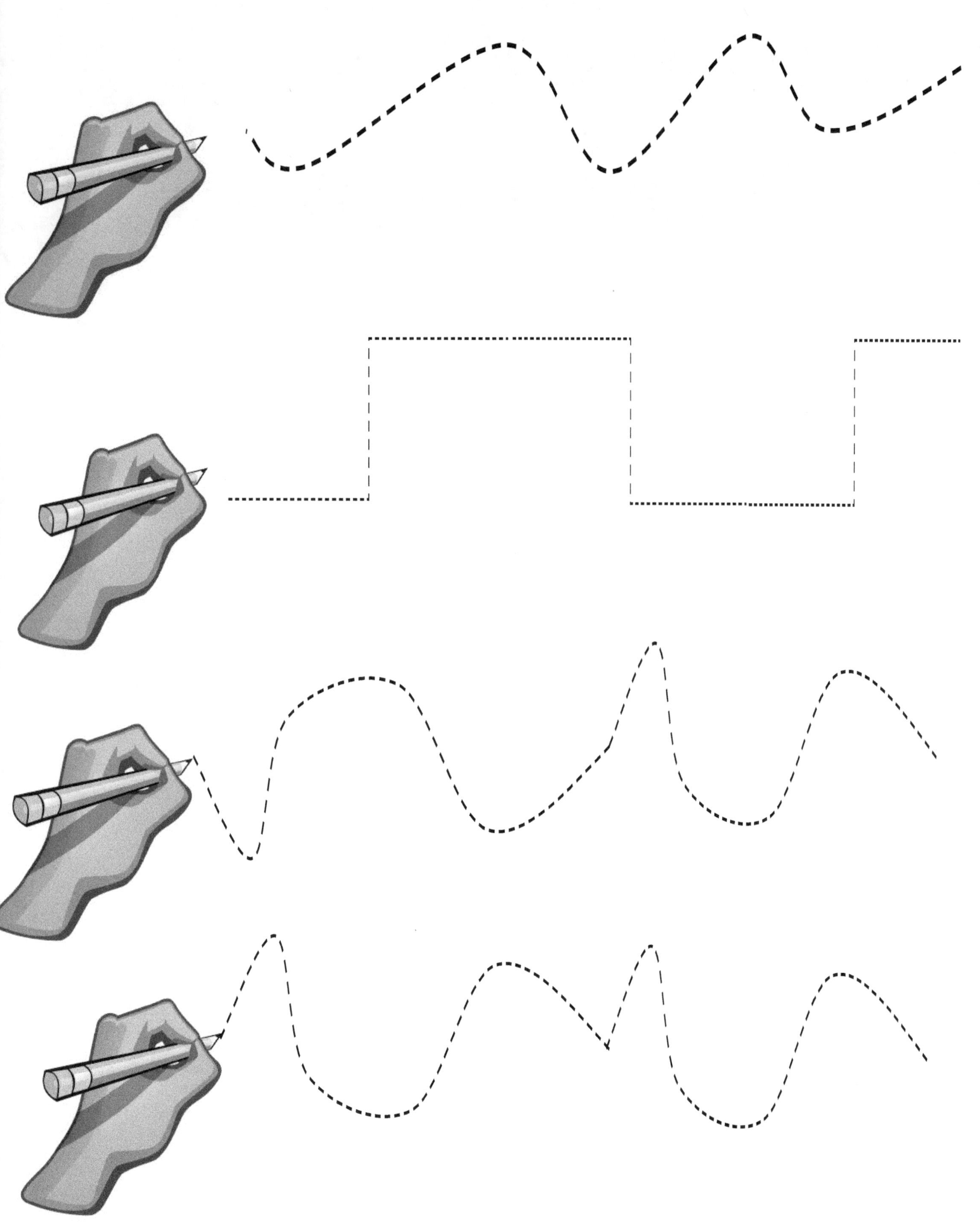

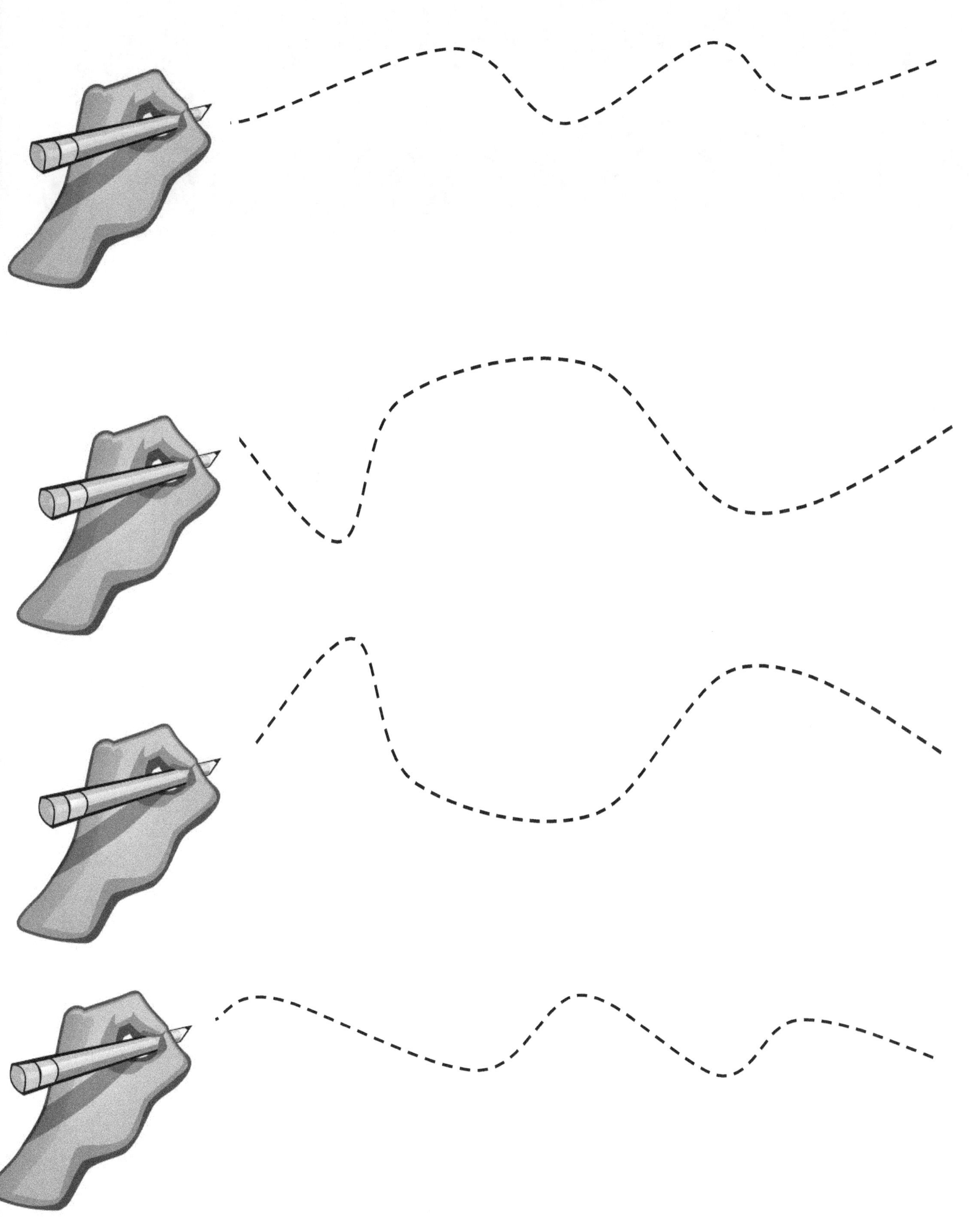

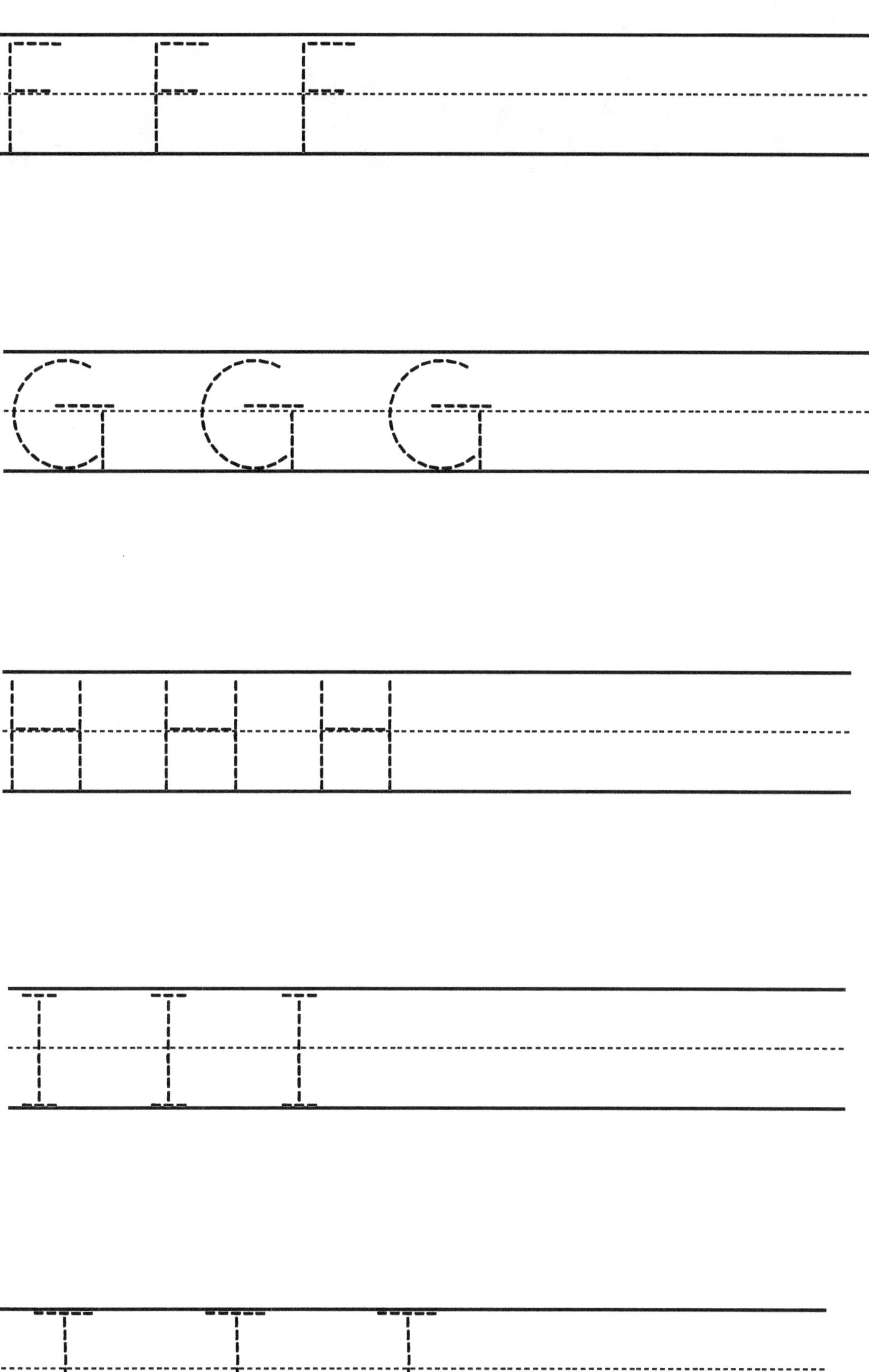

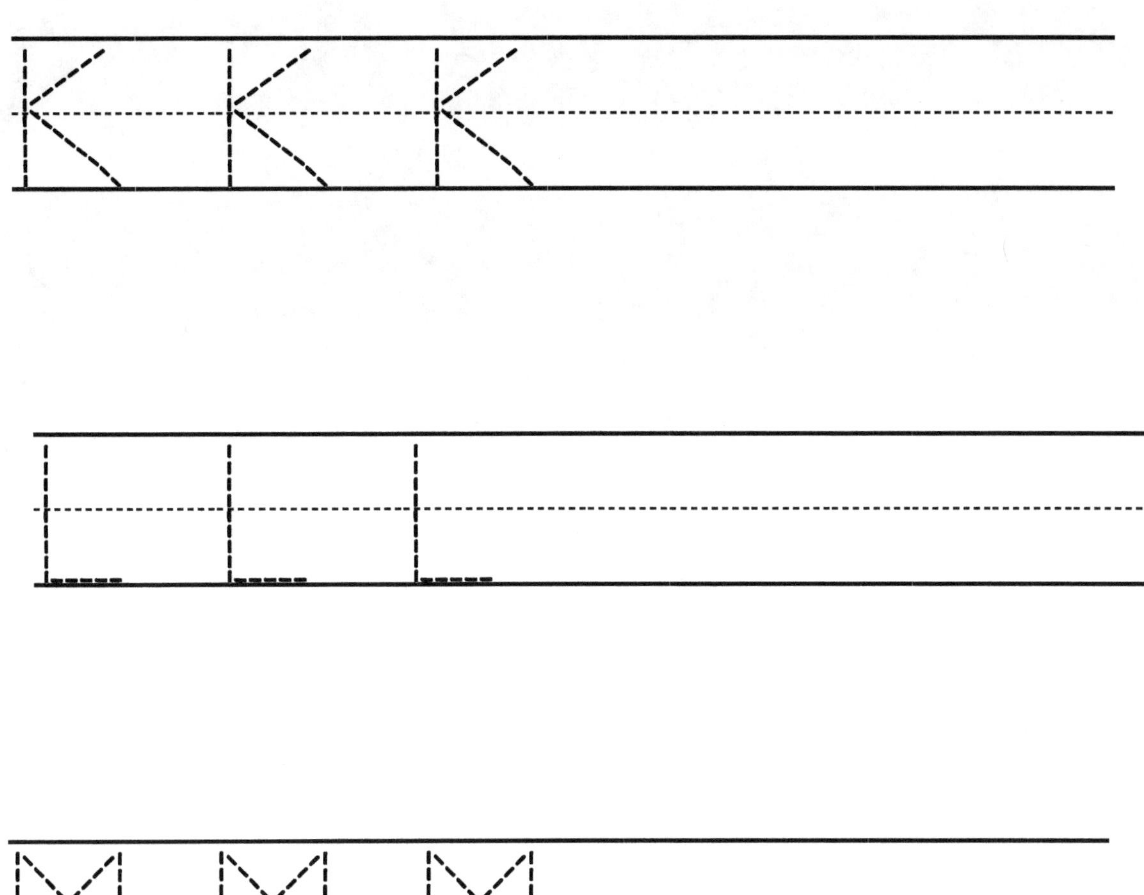

Q Q Q

R R R

S S S

T T T

U U U

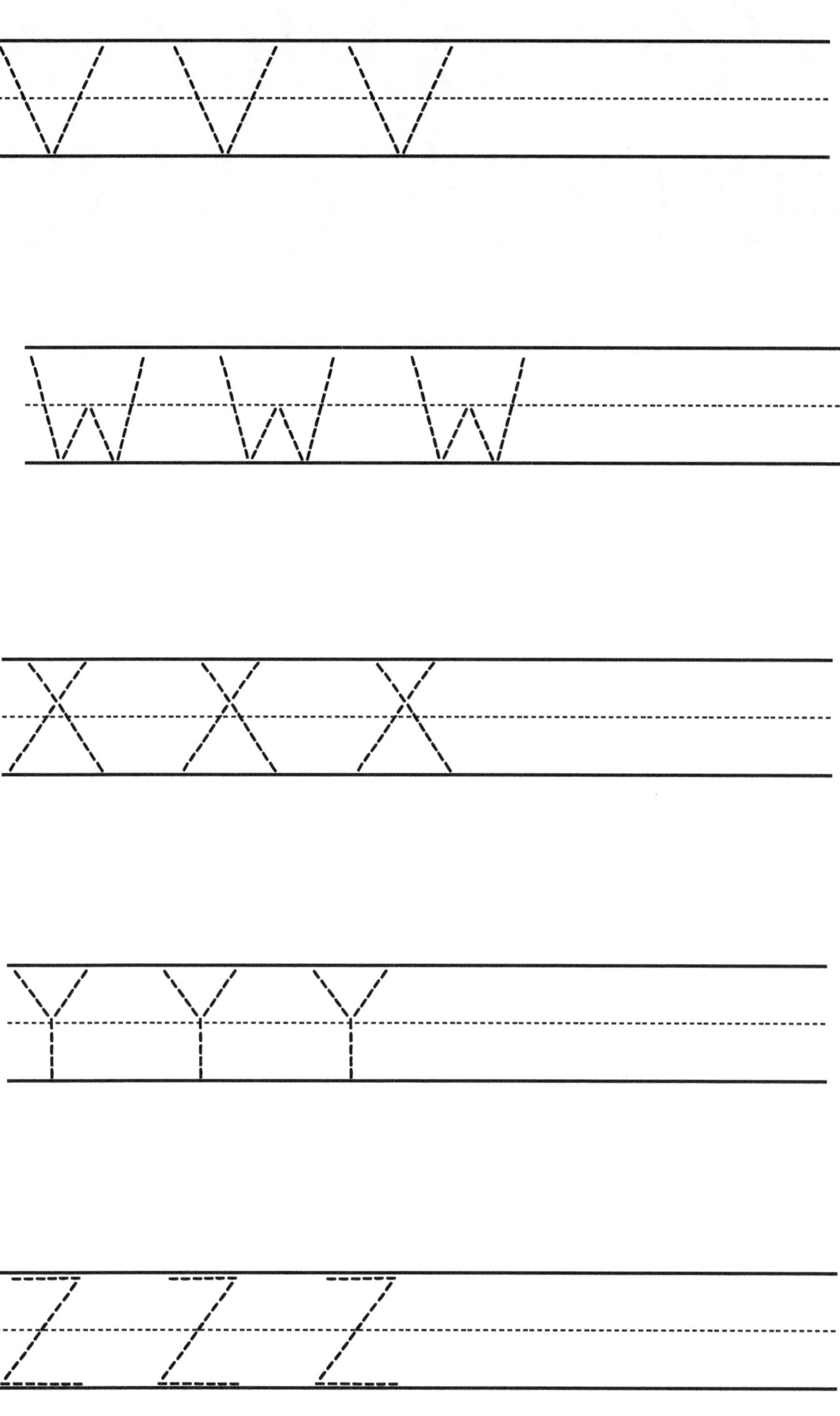

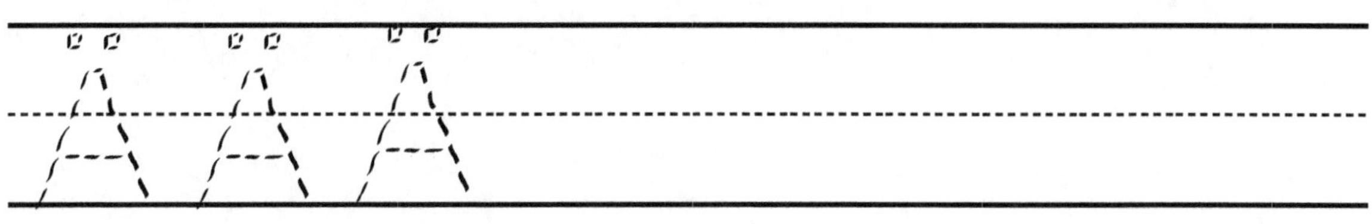

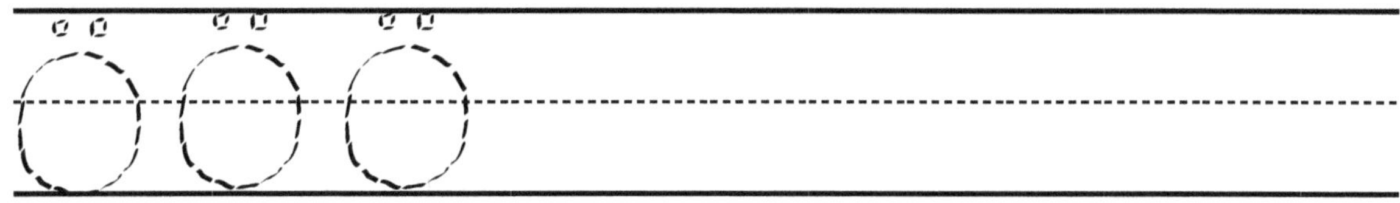

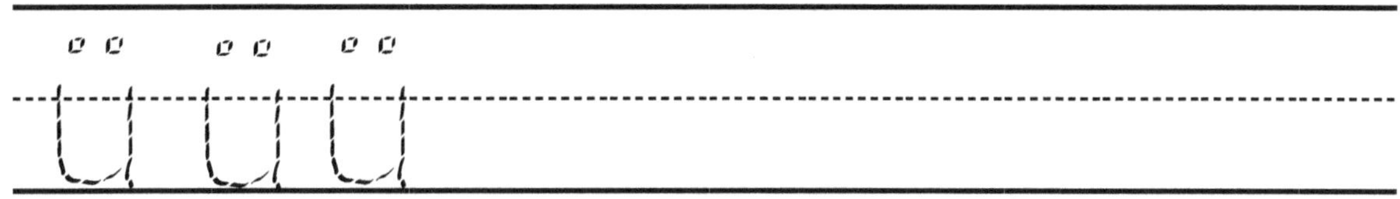

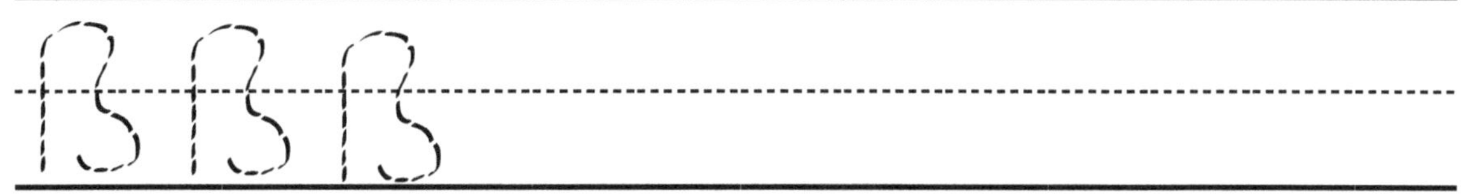

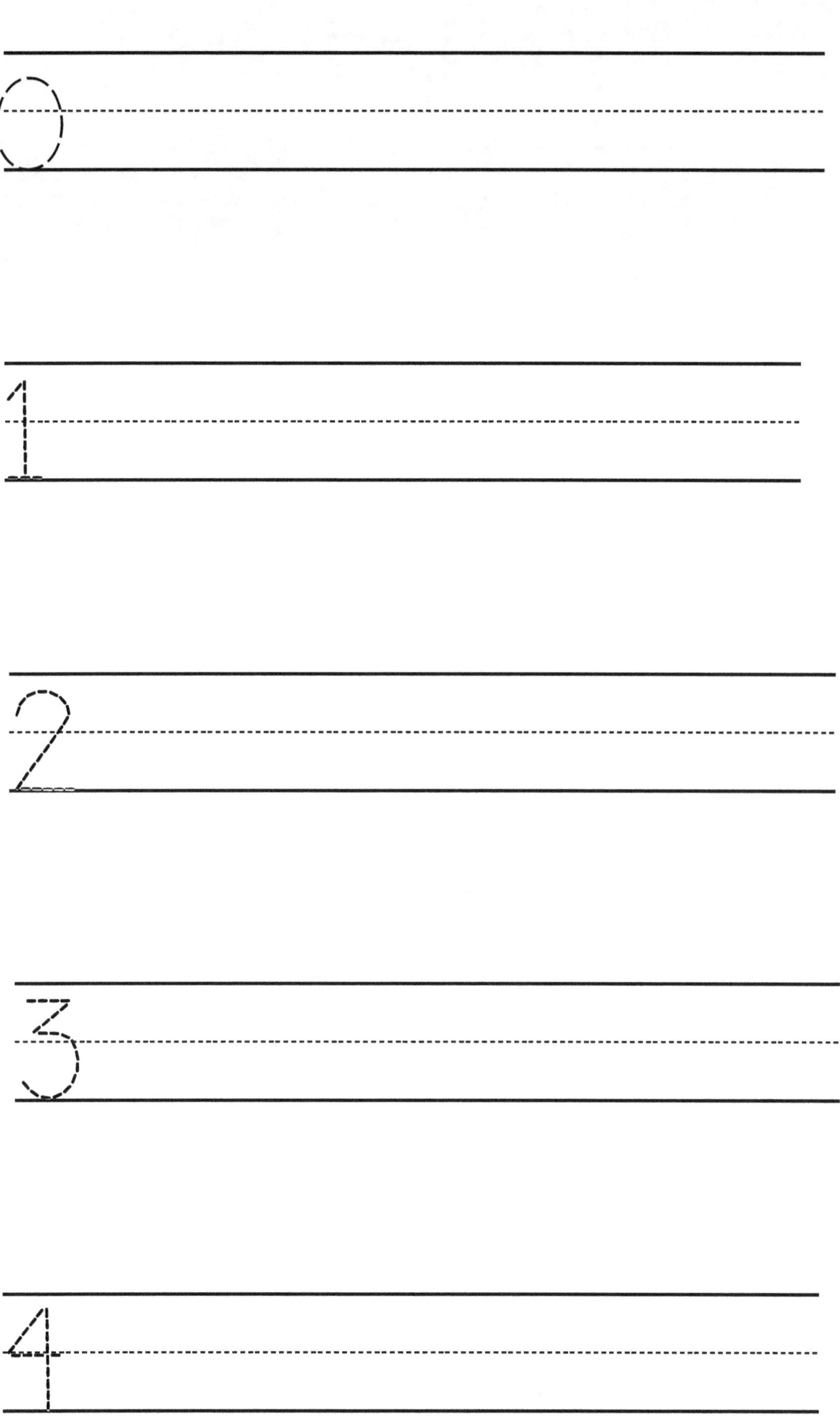

0
1
2
3
4

5

6

7

8

9

10

12

13

14

15

kleinbuchstaben

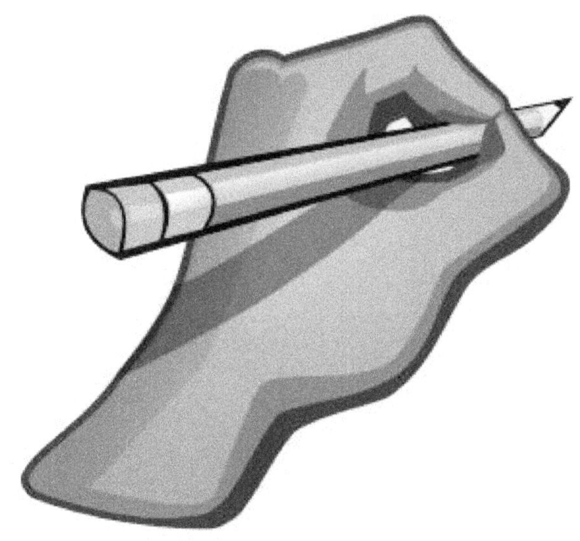

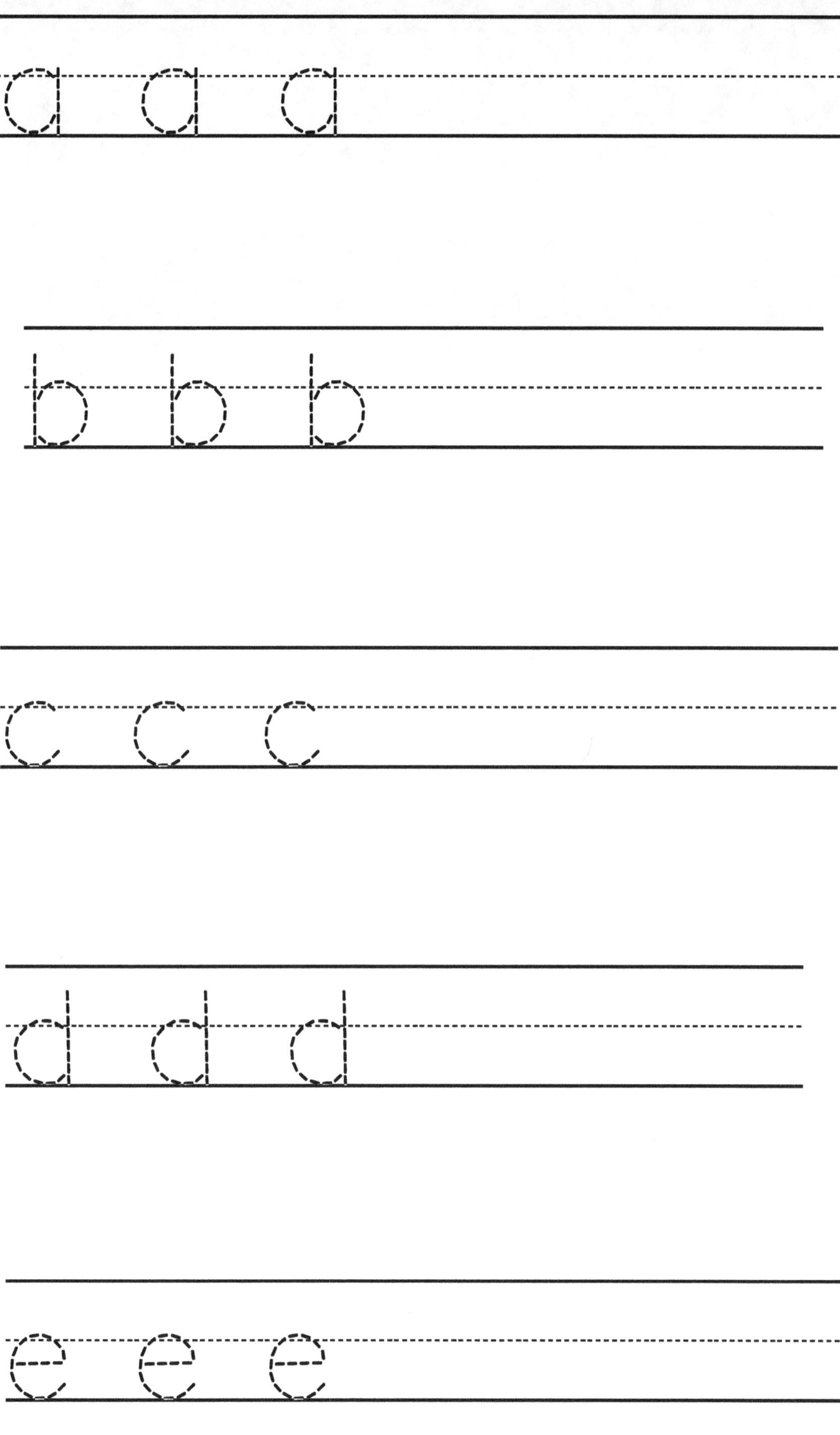

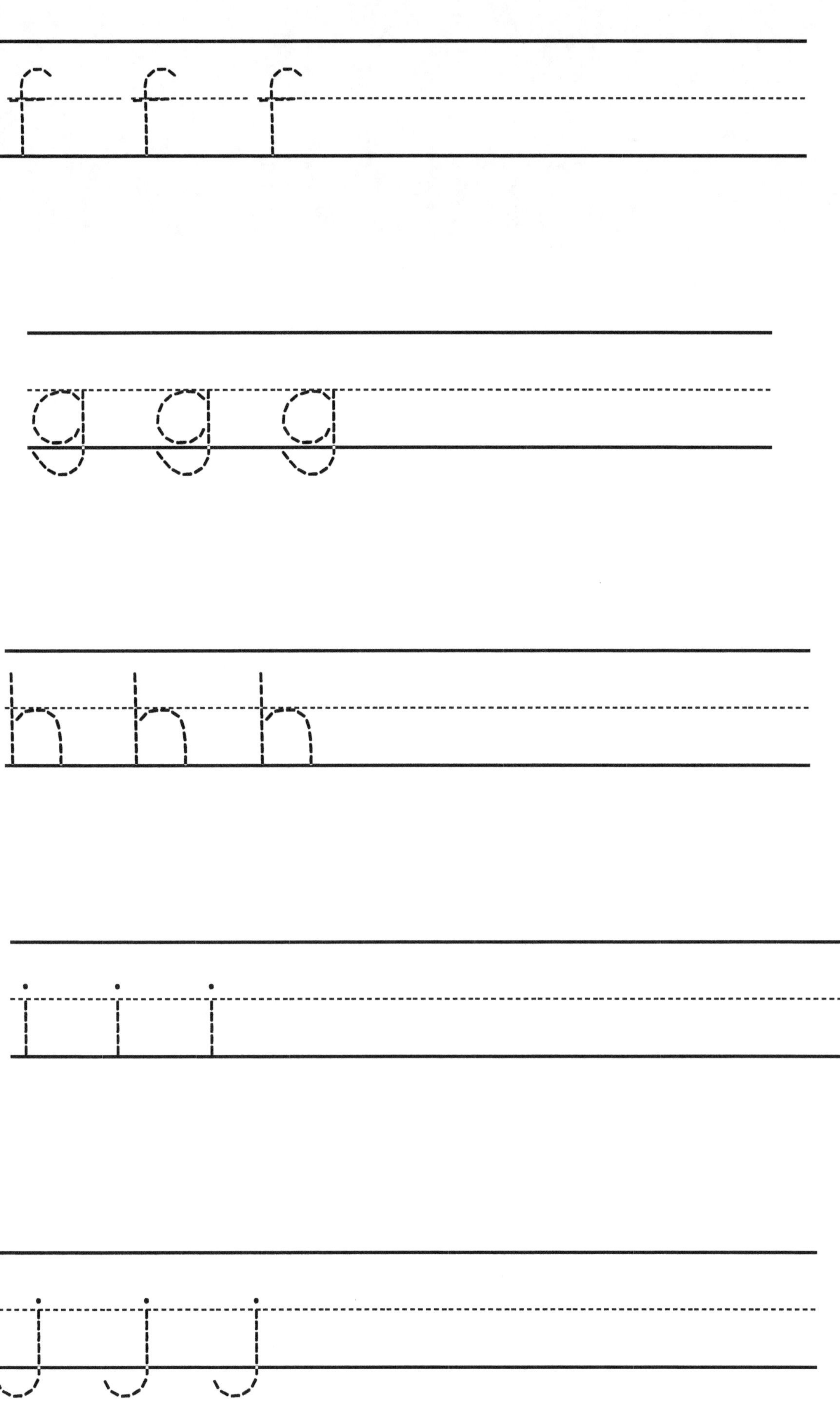

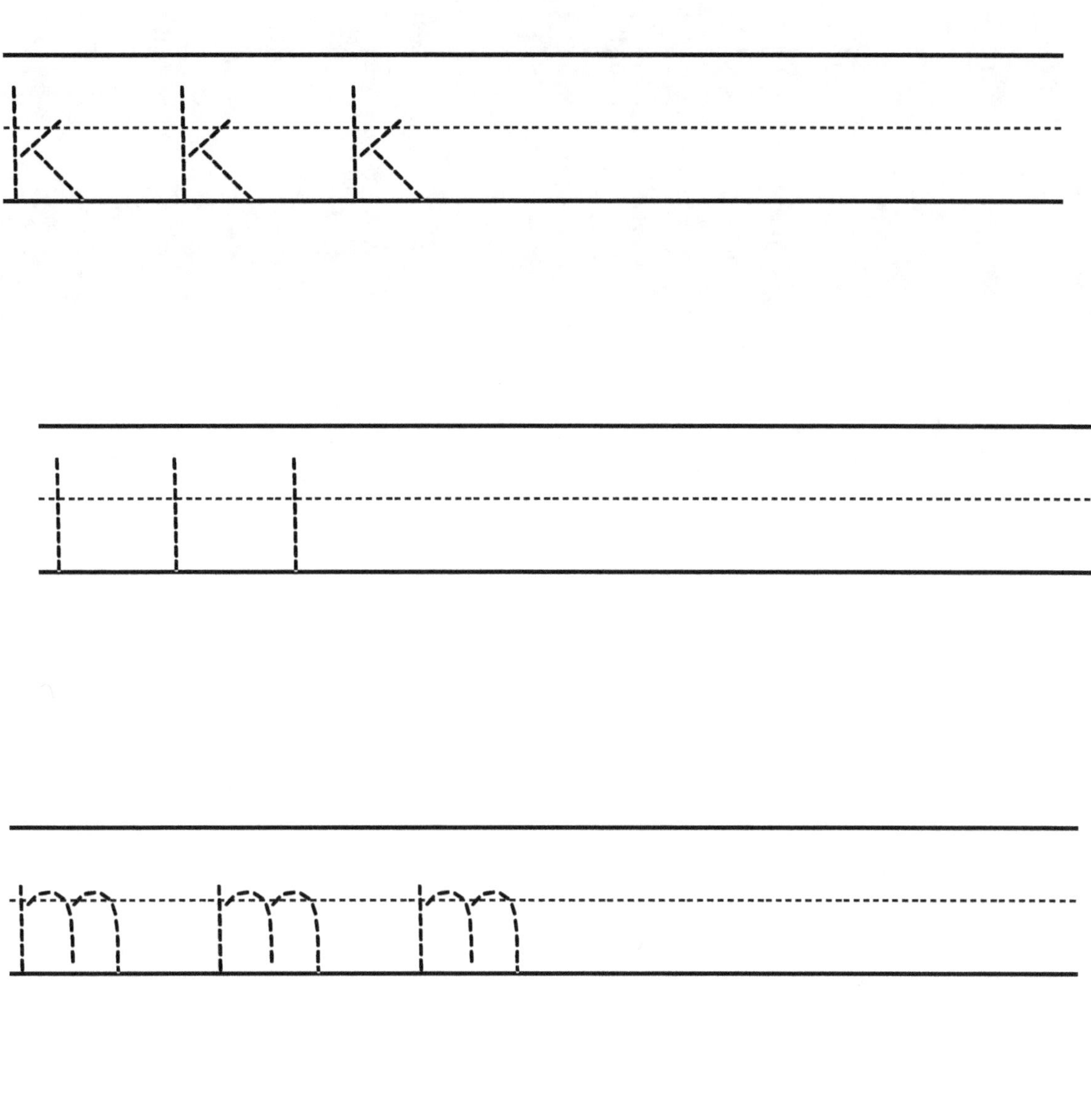

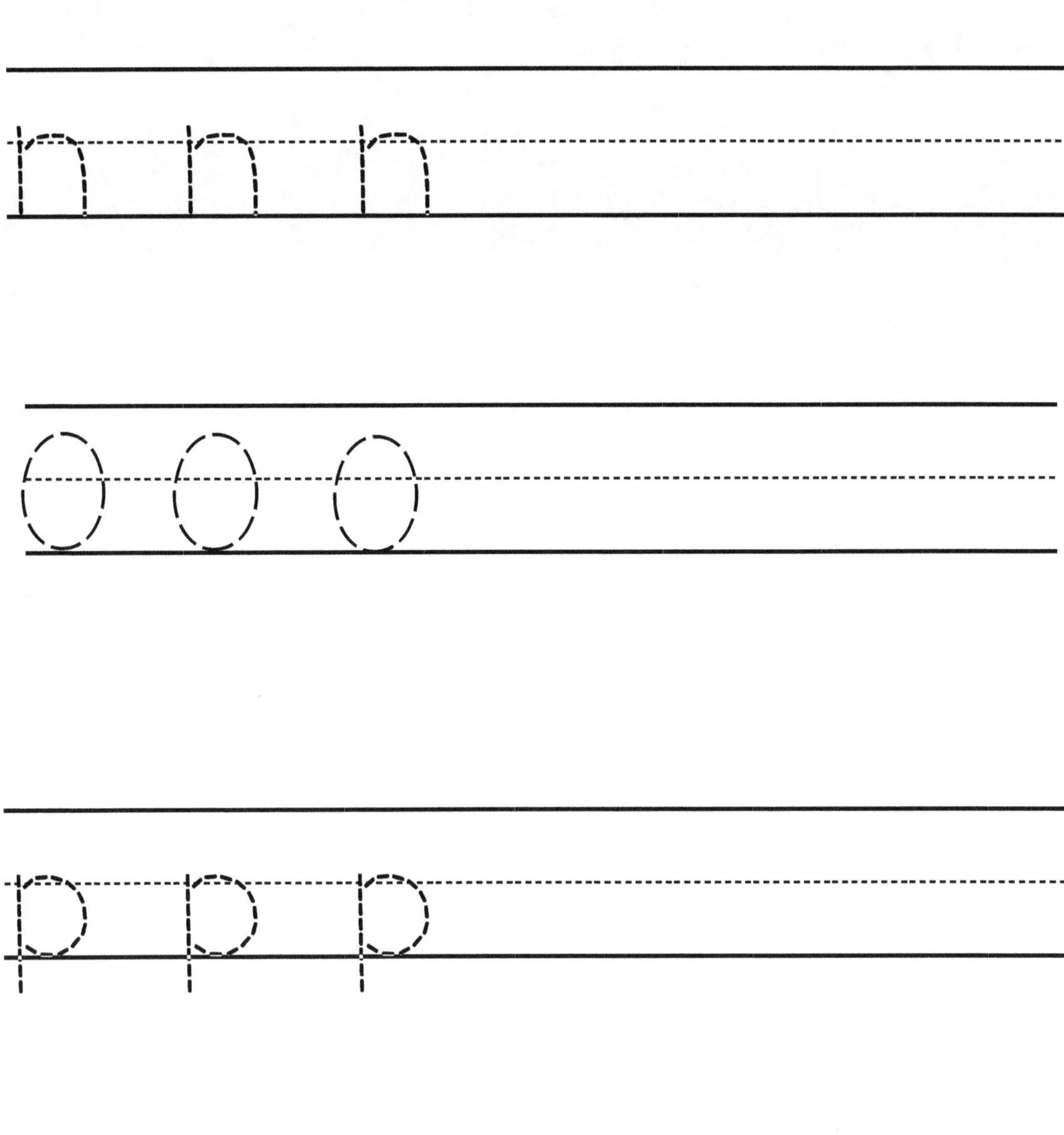

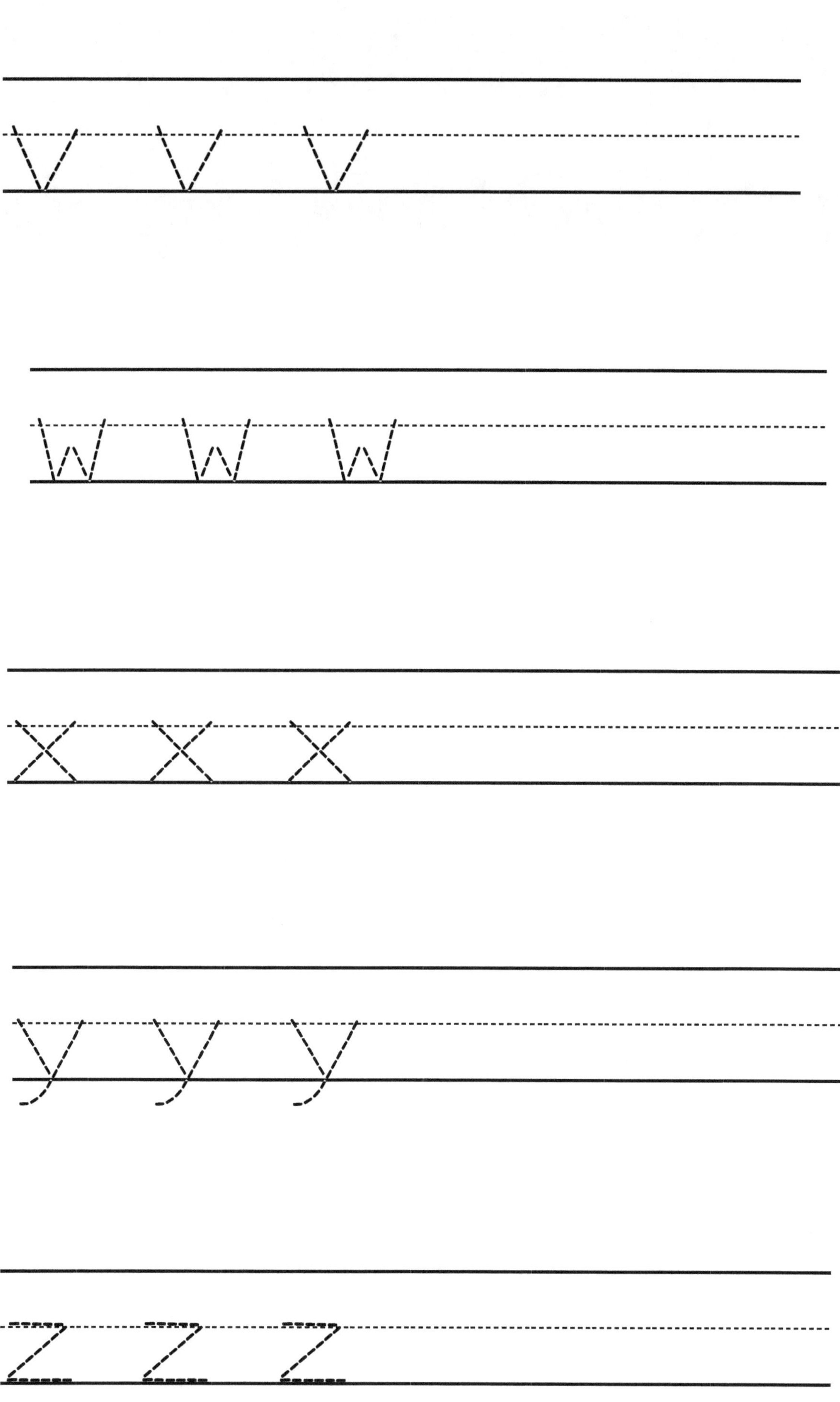

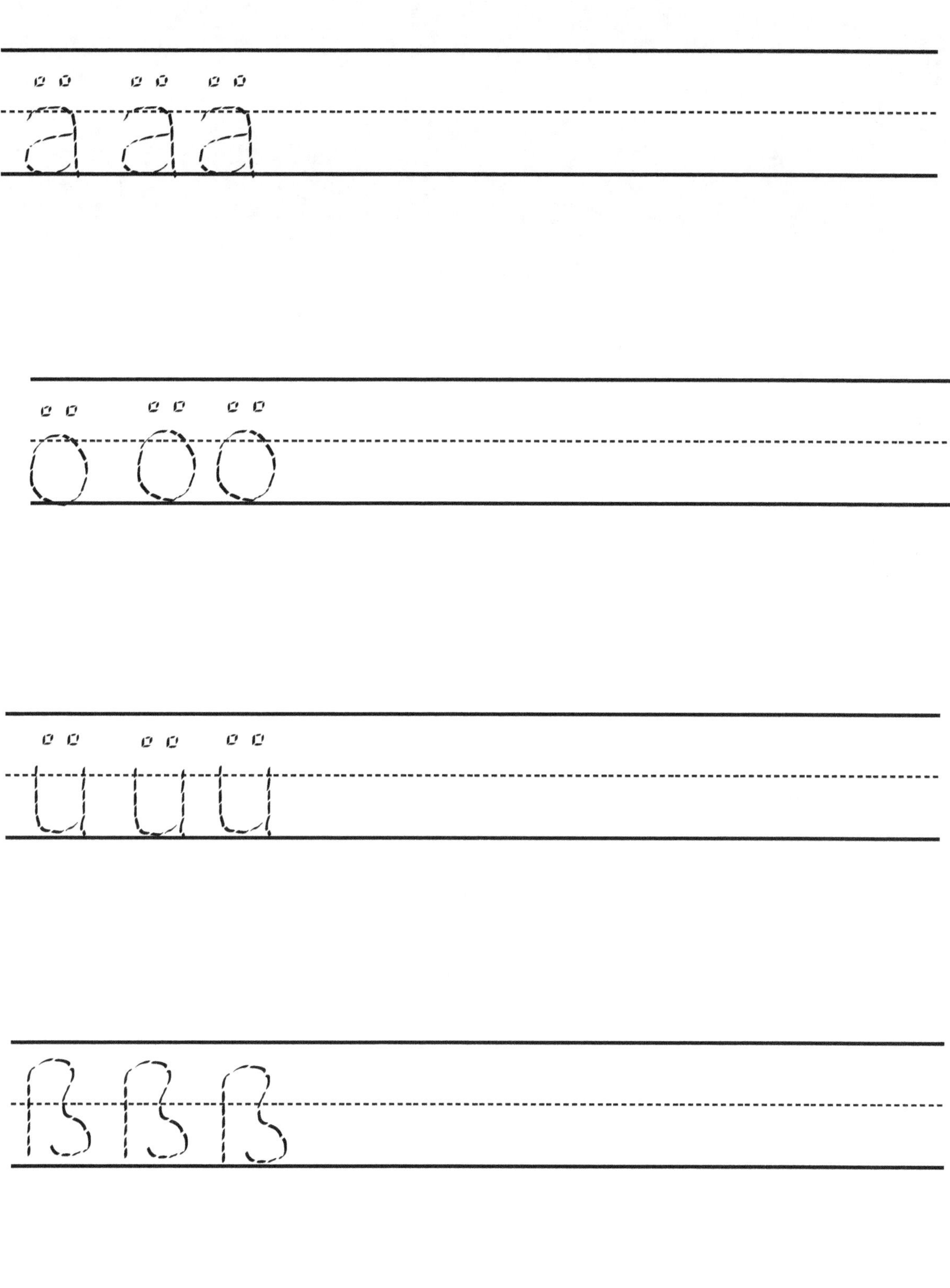

Puzzle

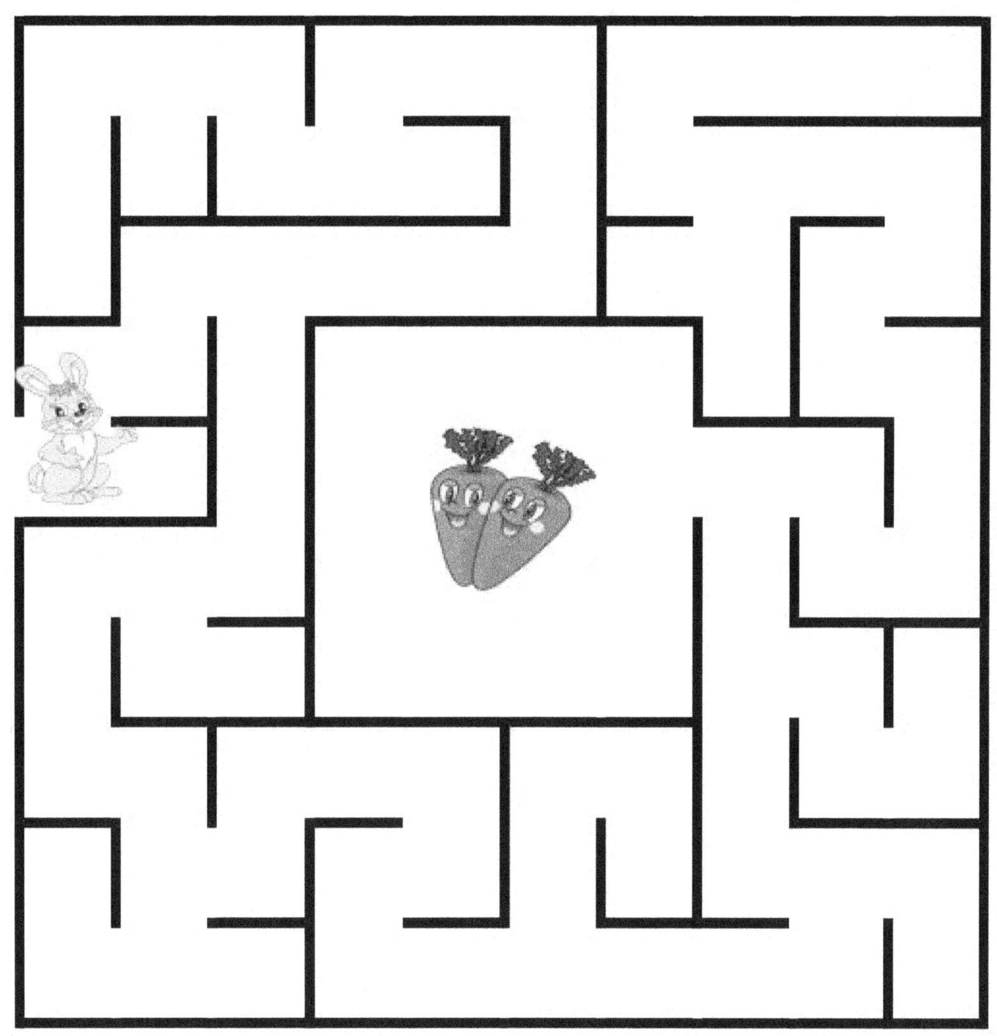

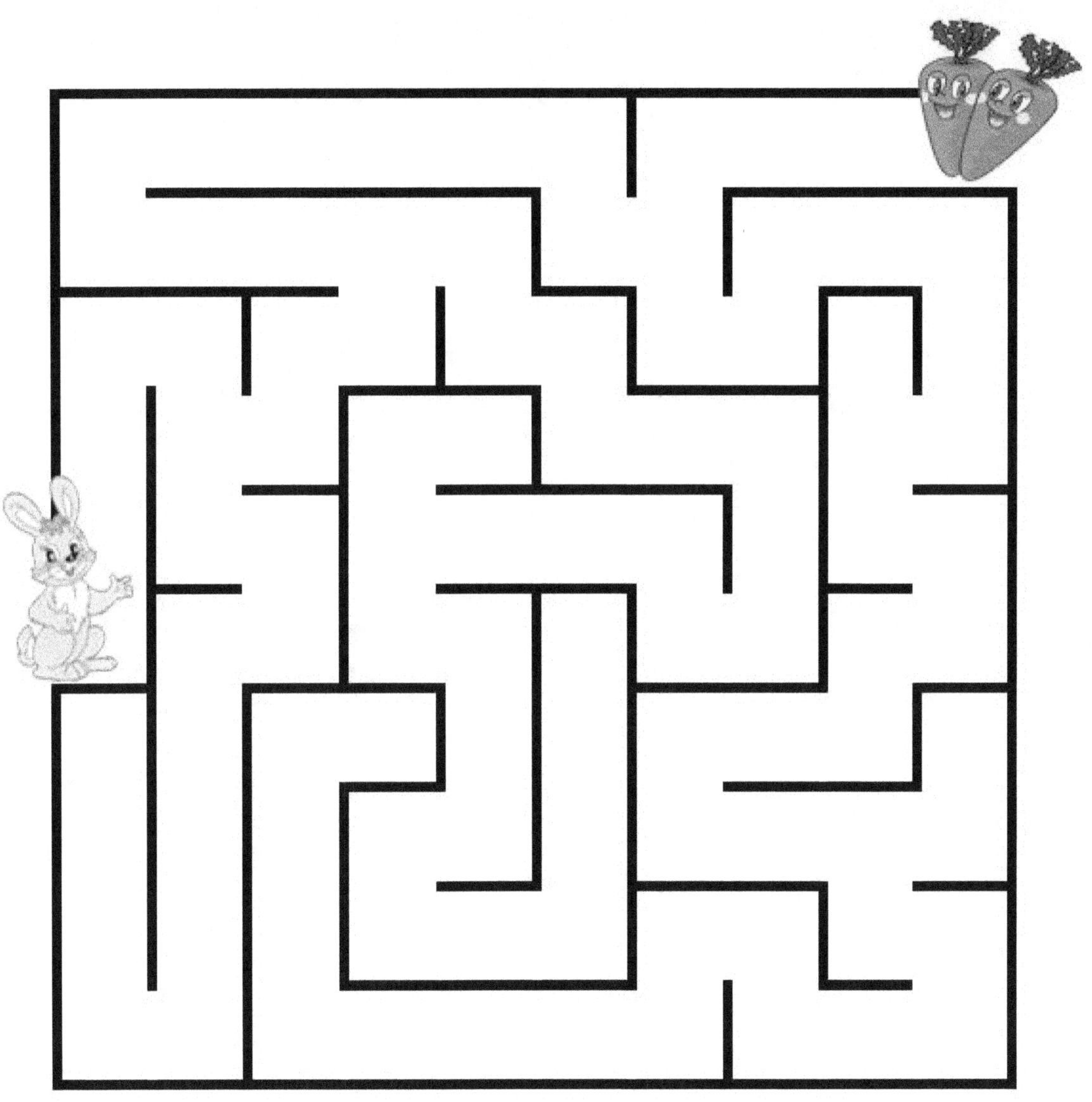

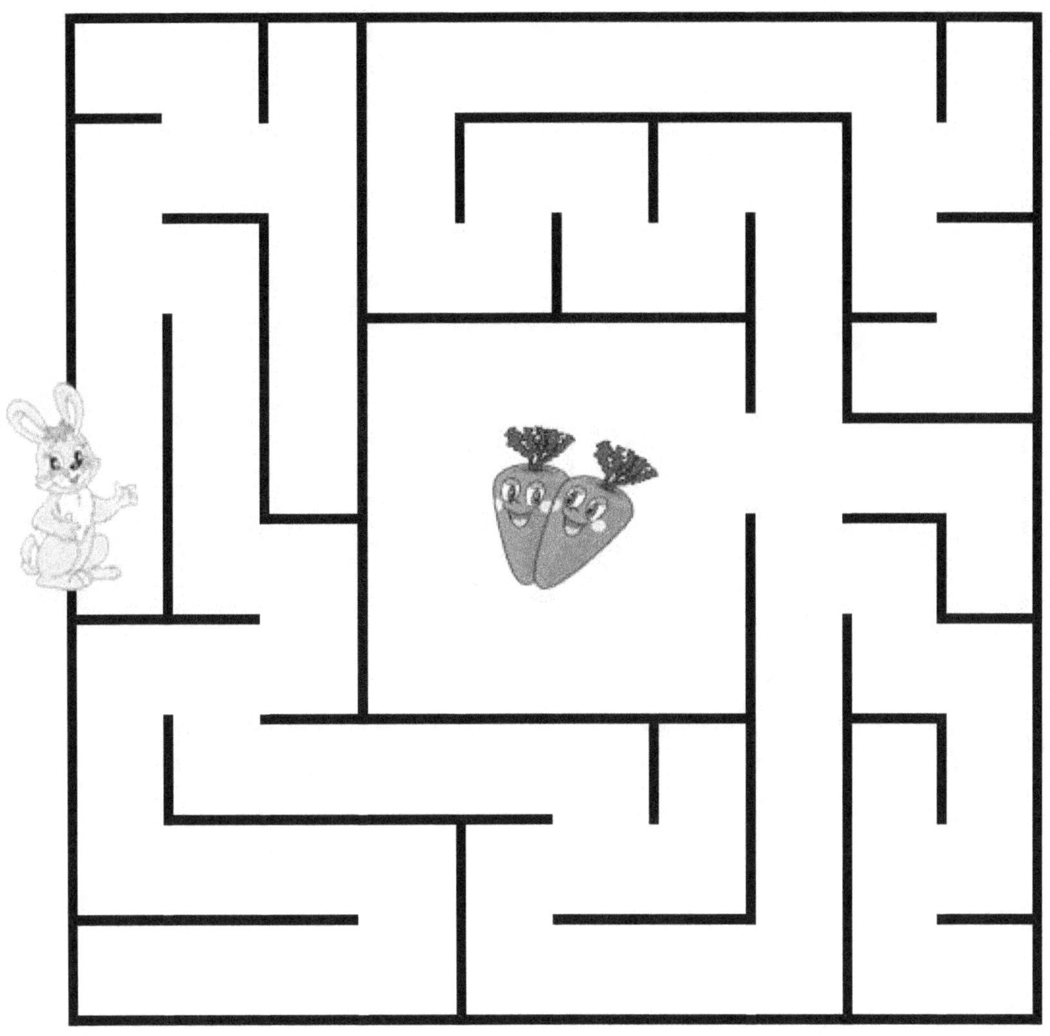

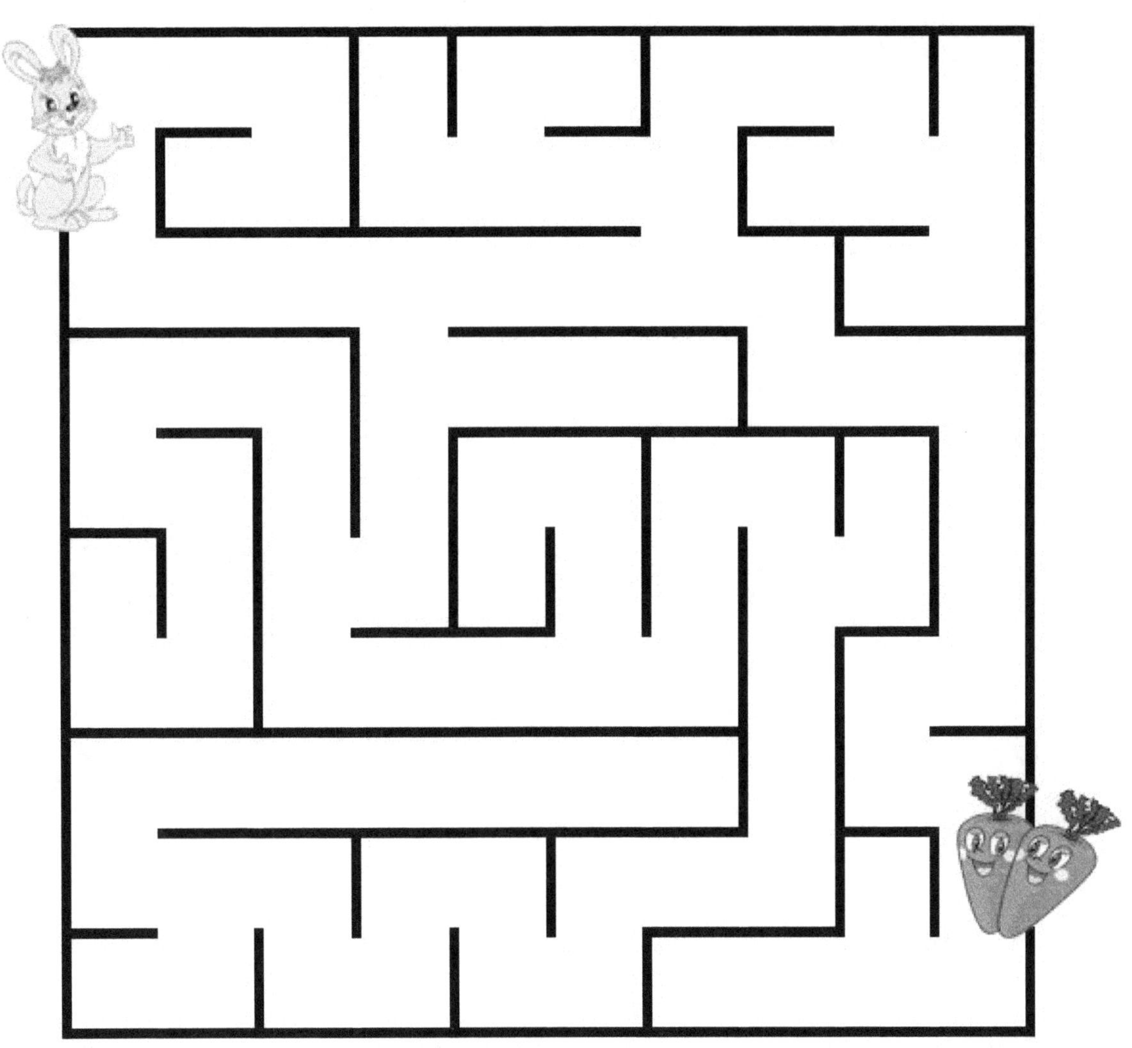

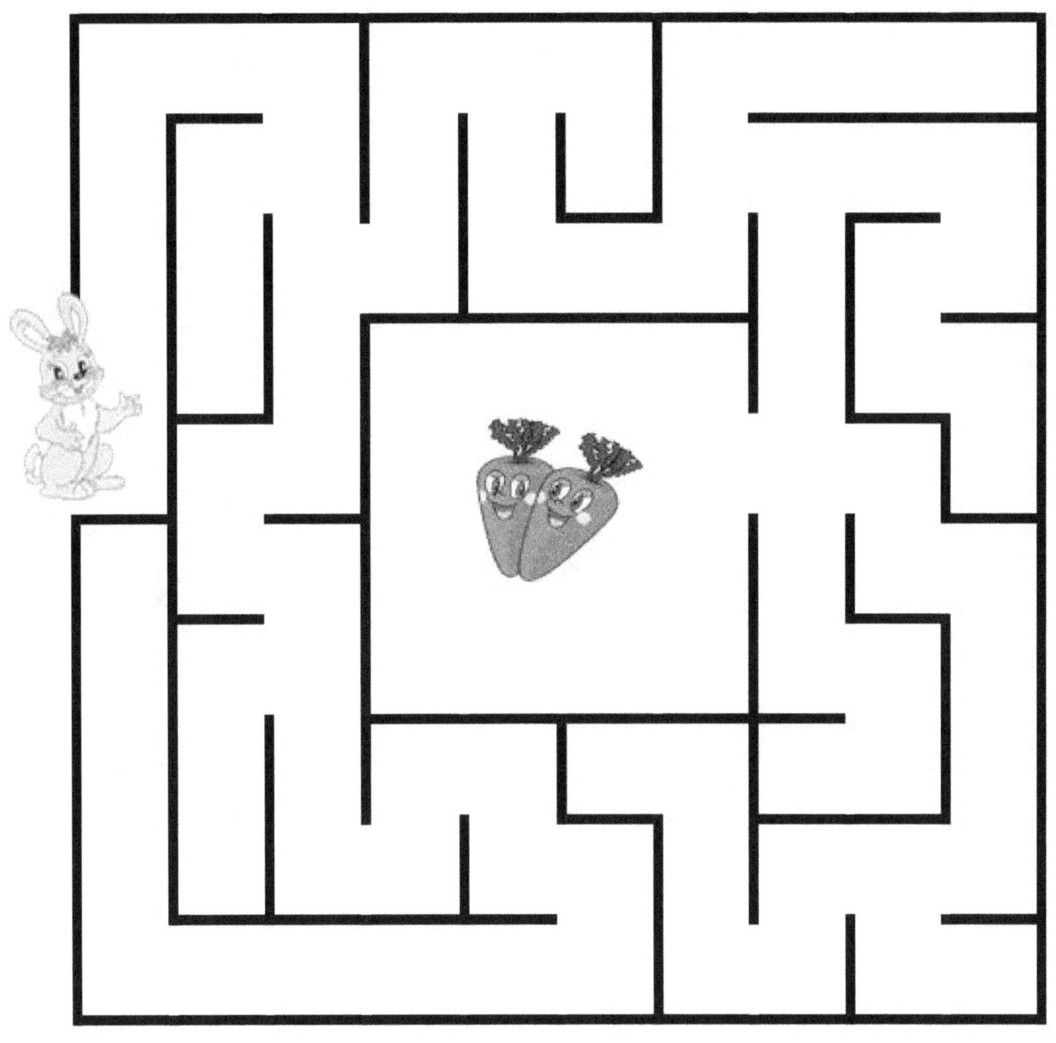

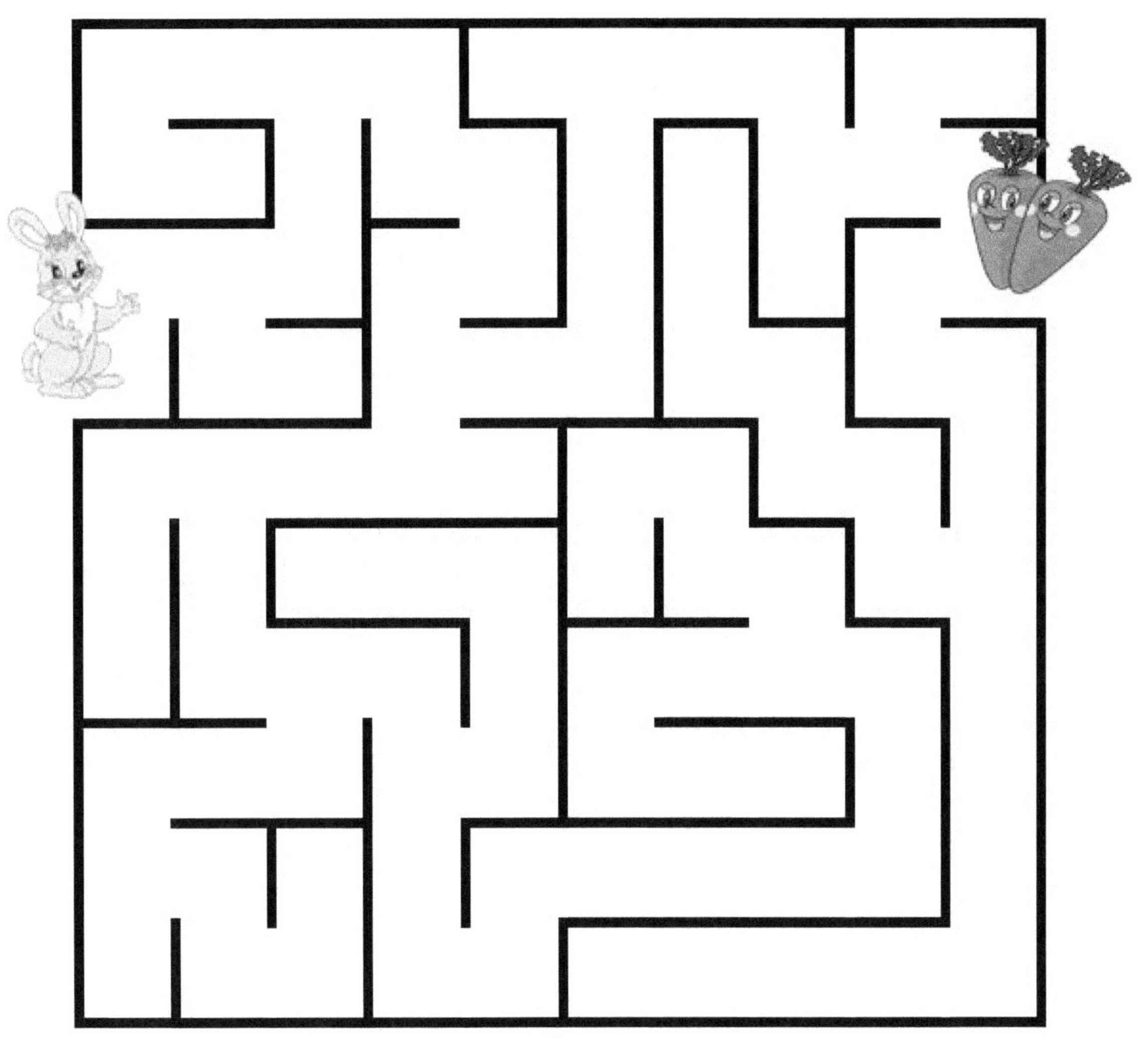

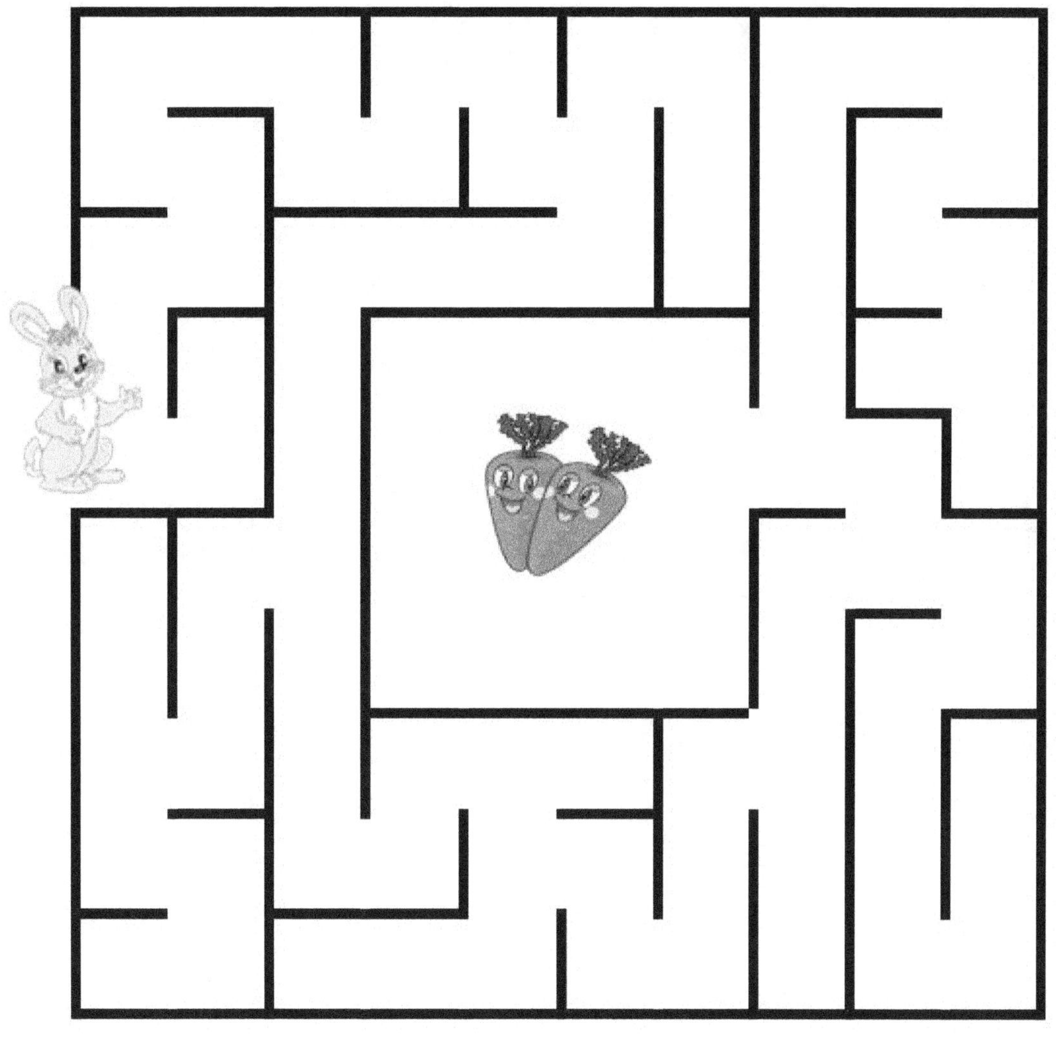

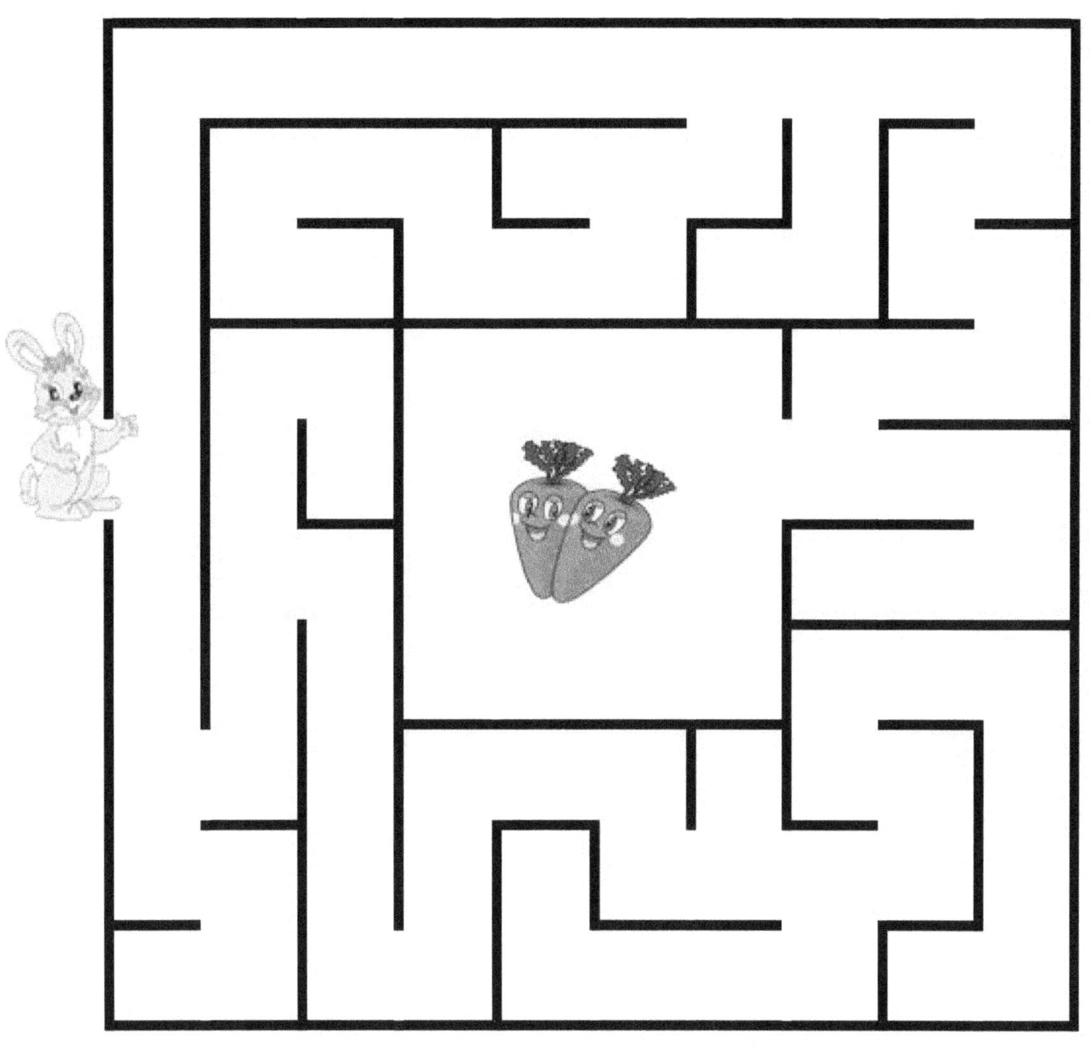

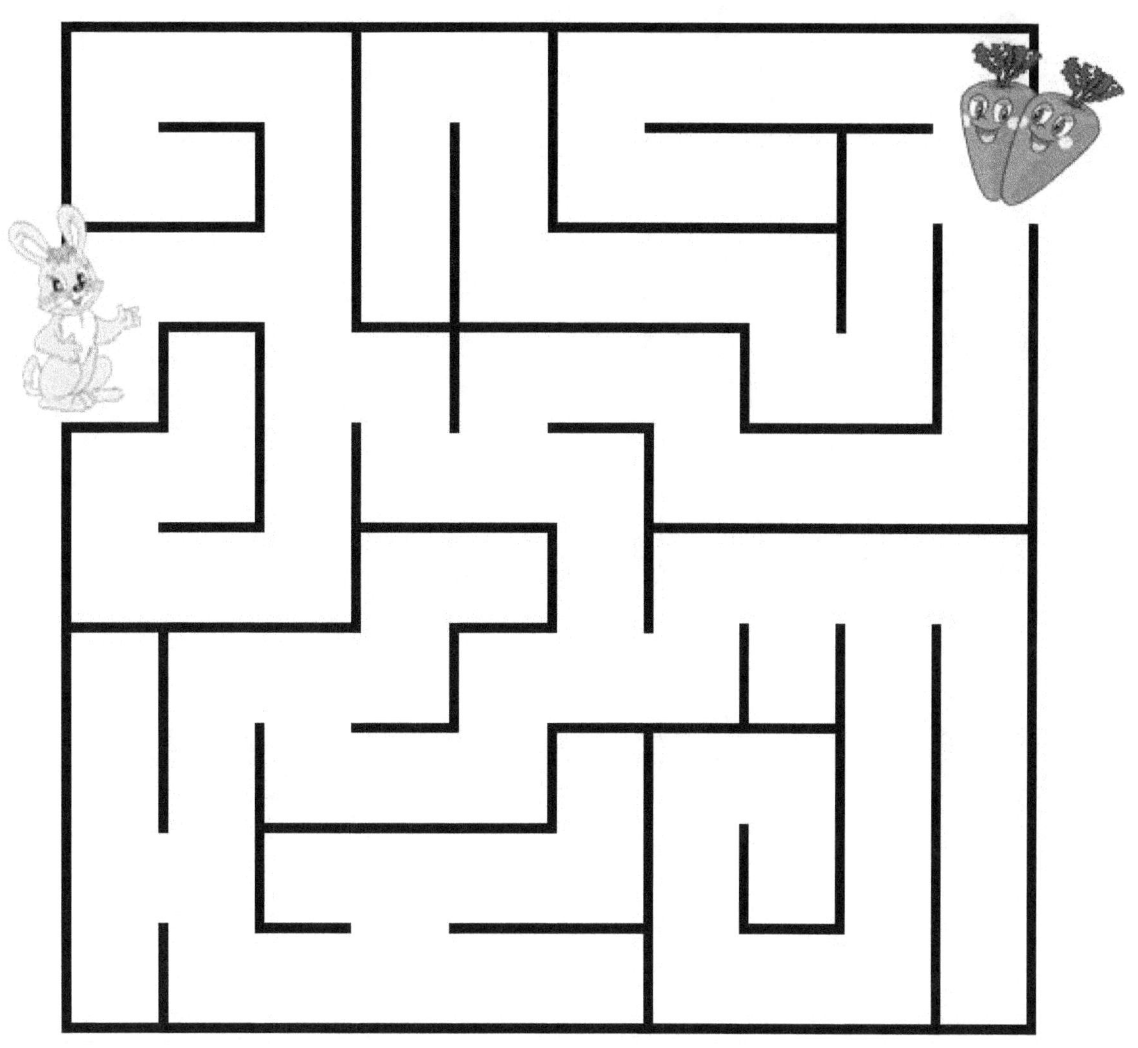

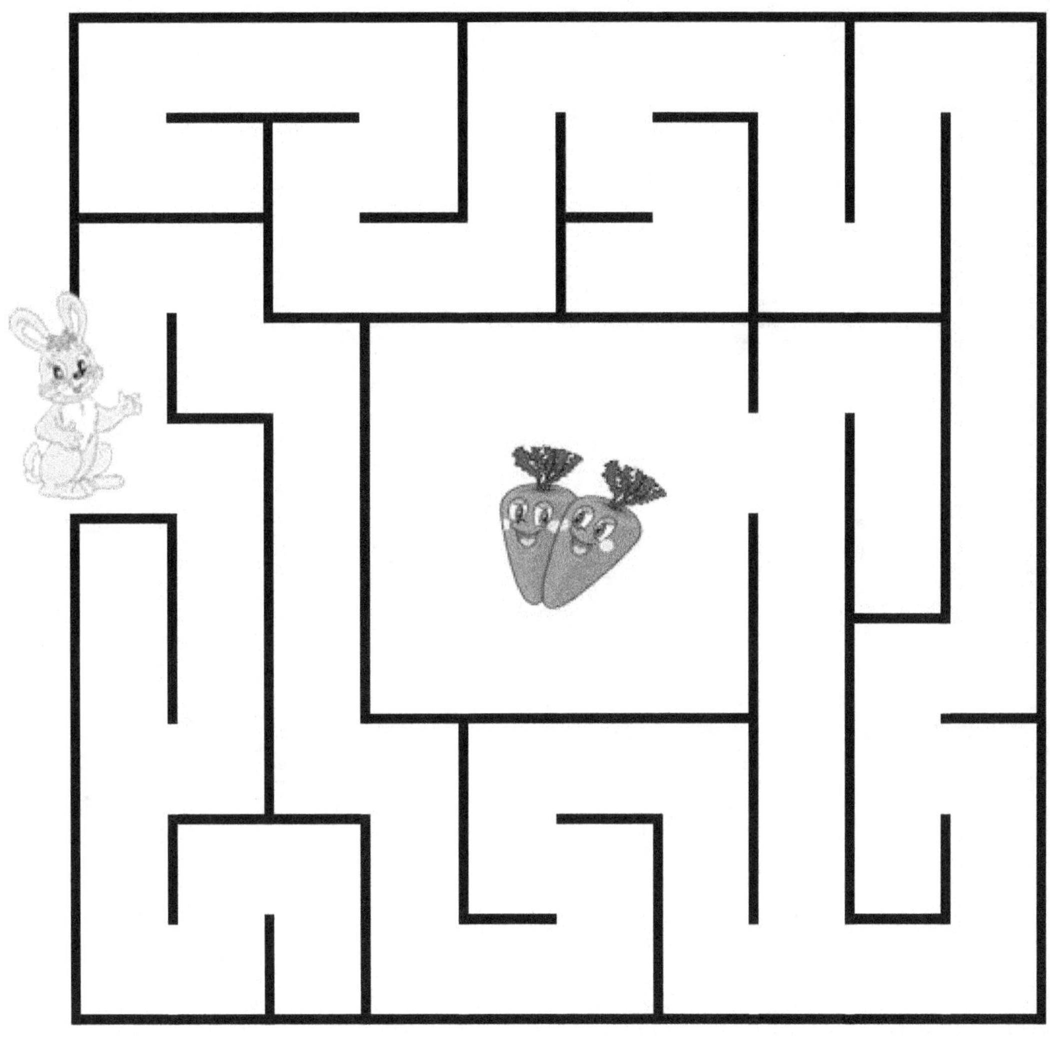

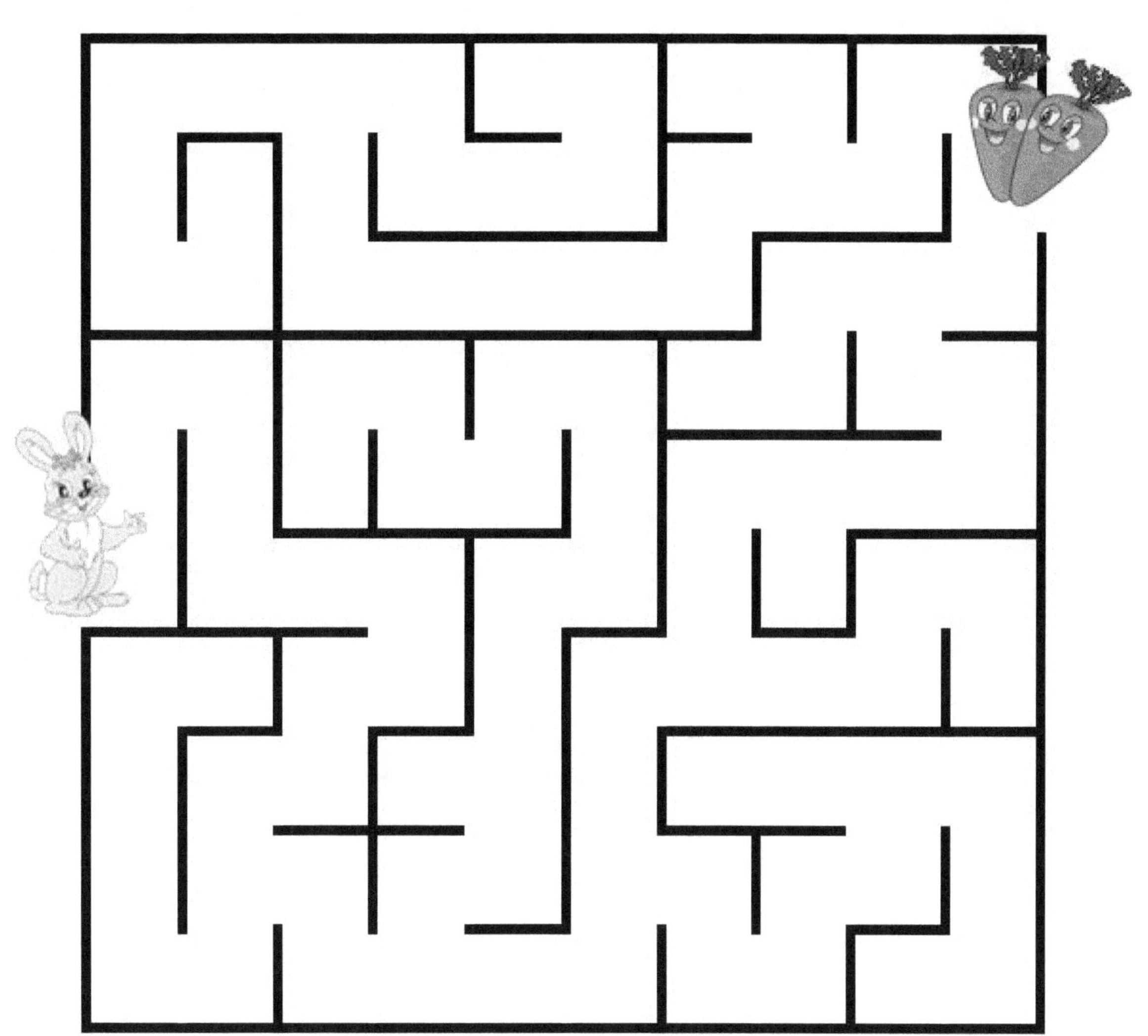

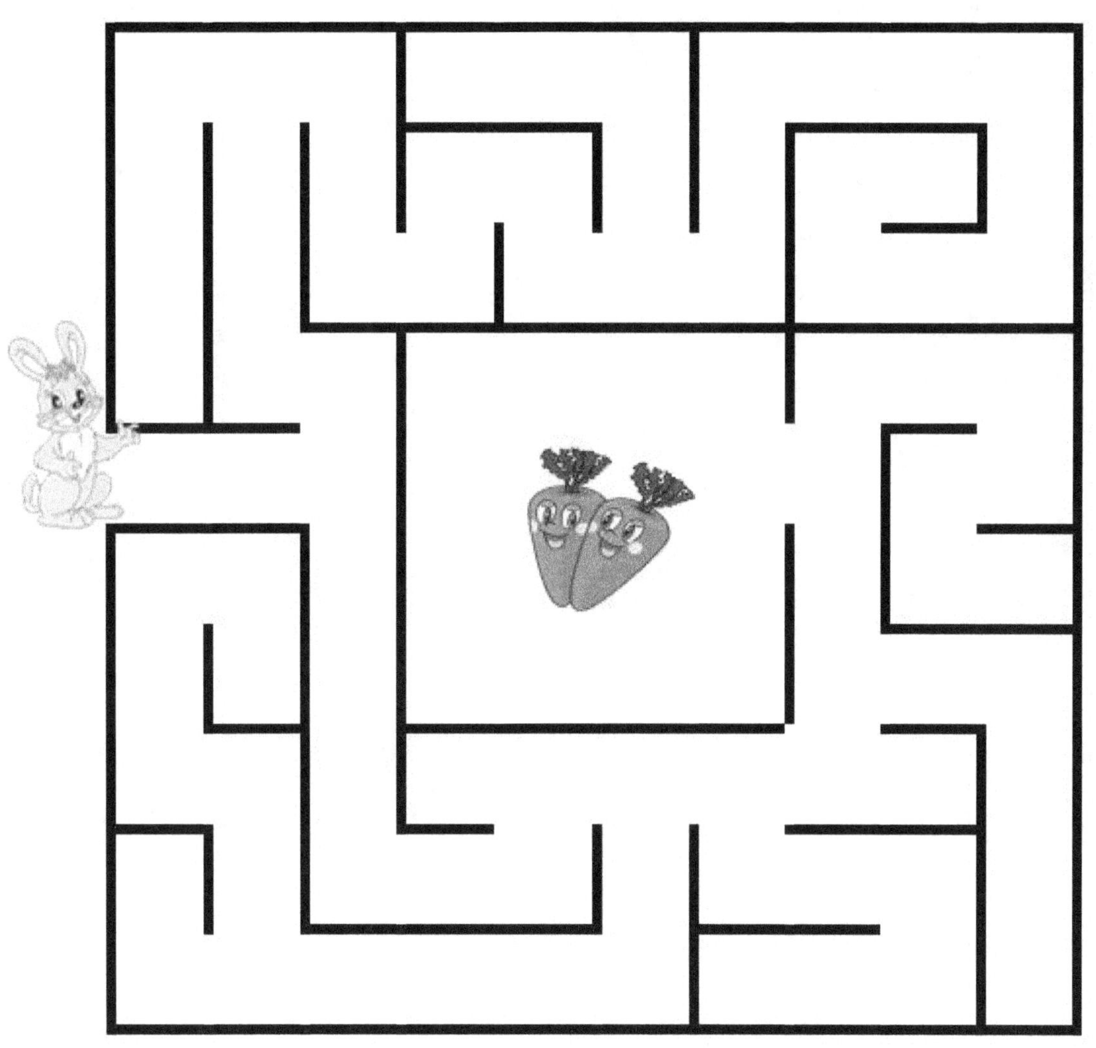

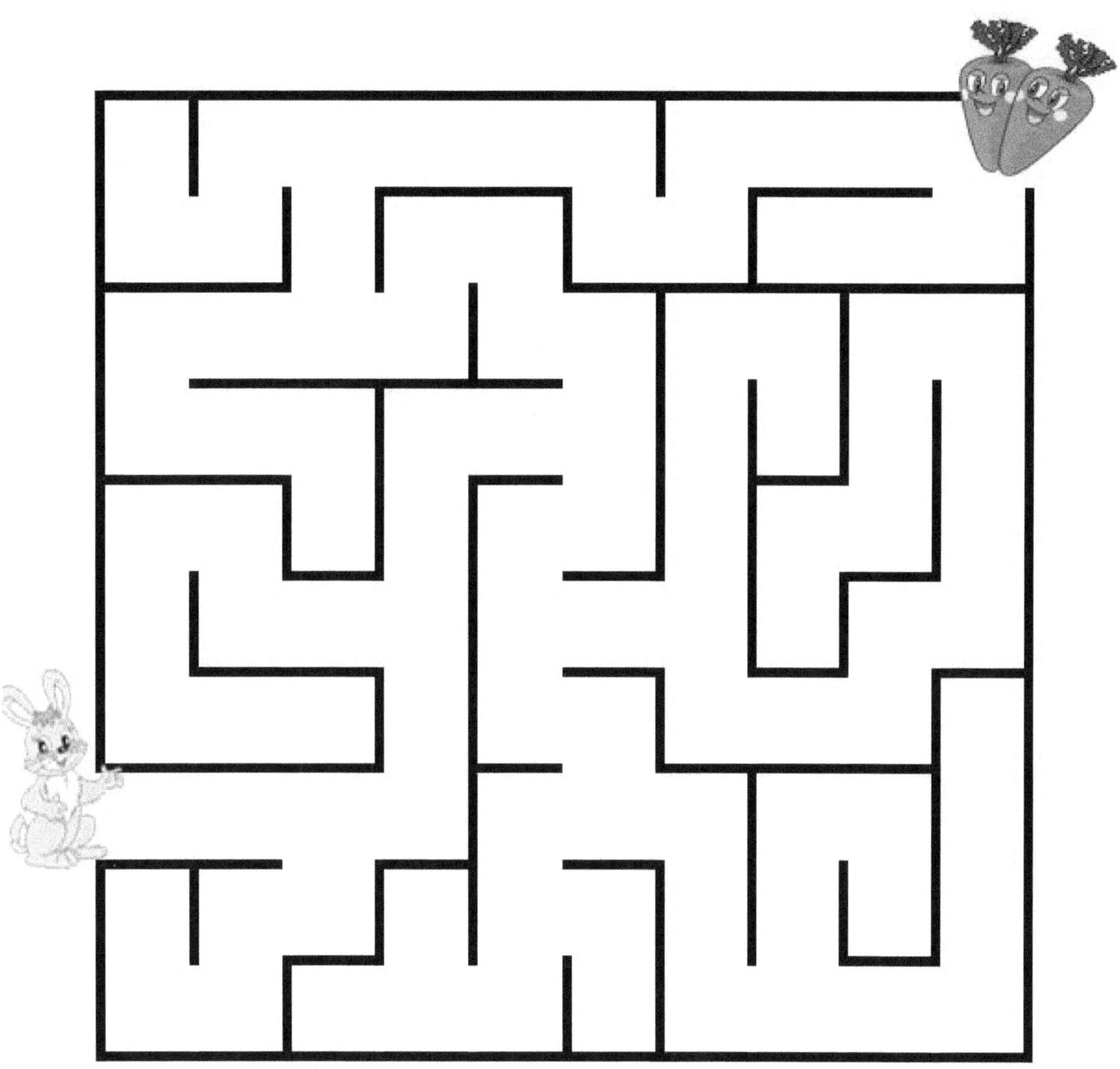

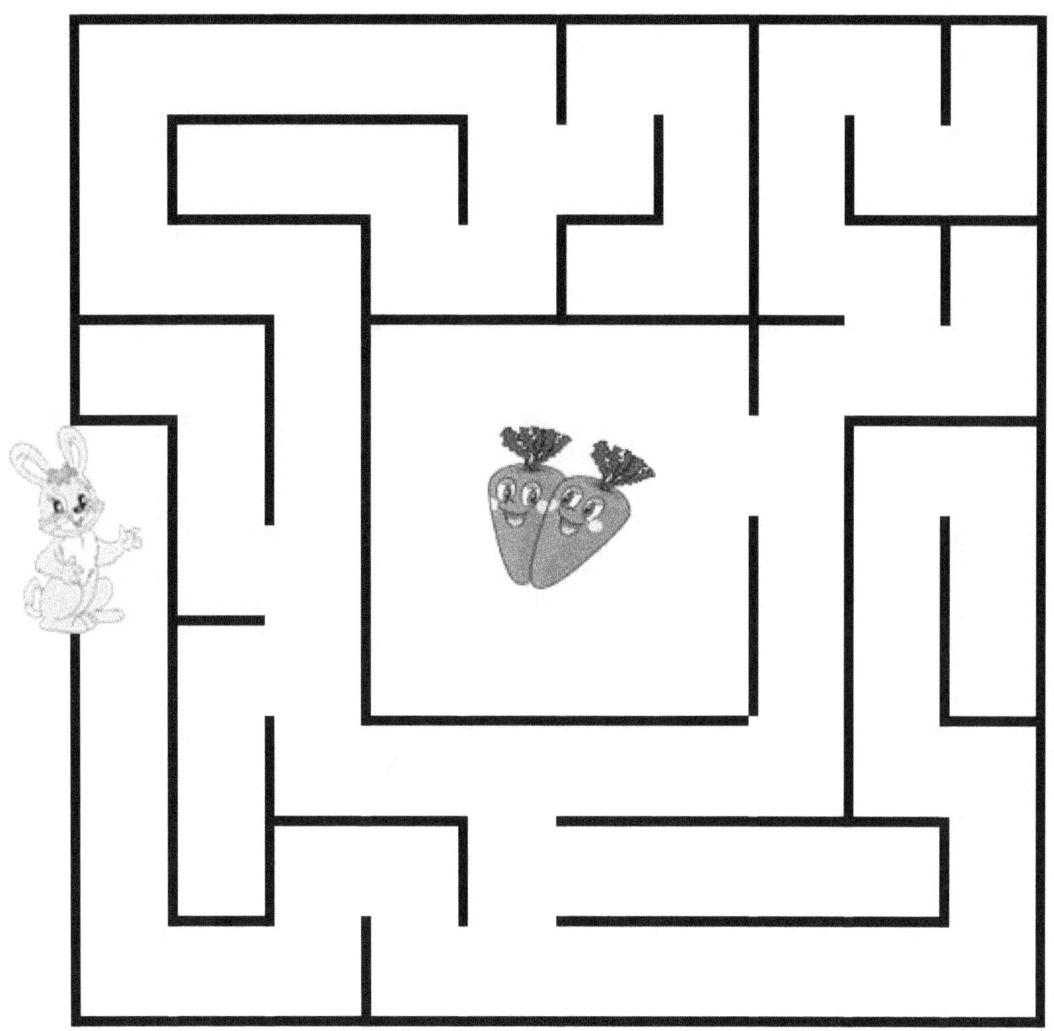

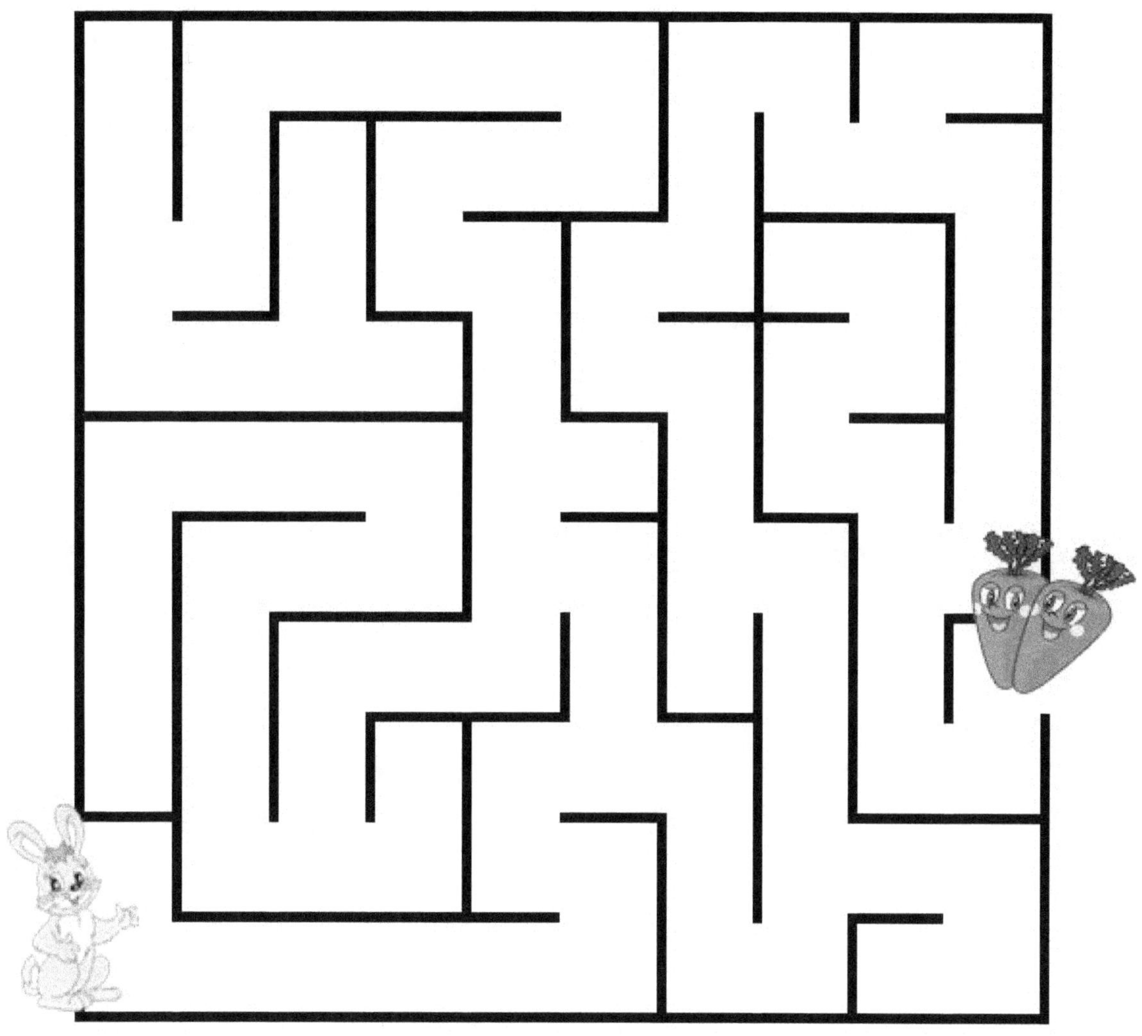

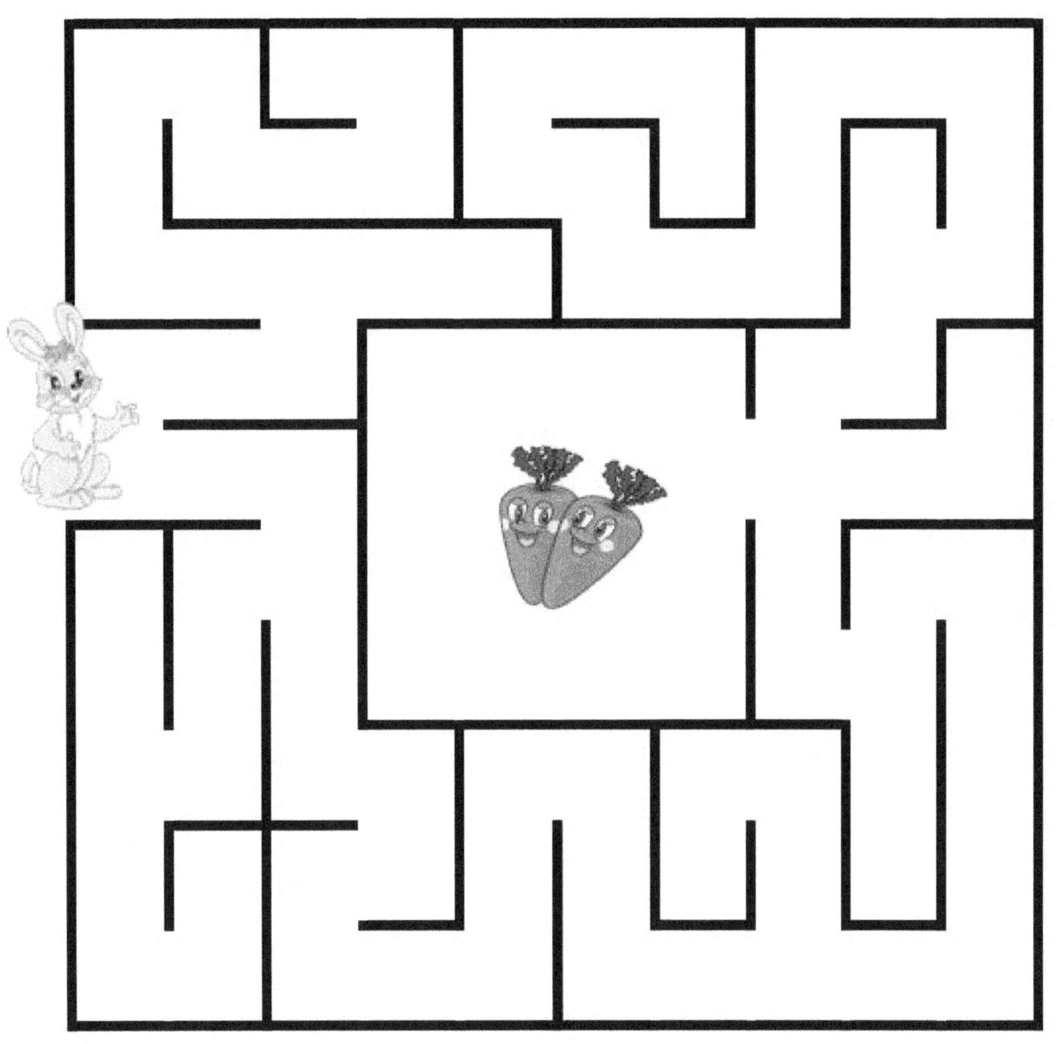

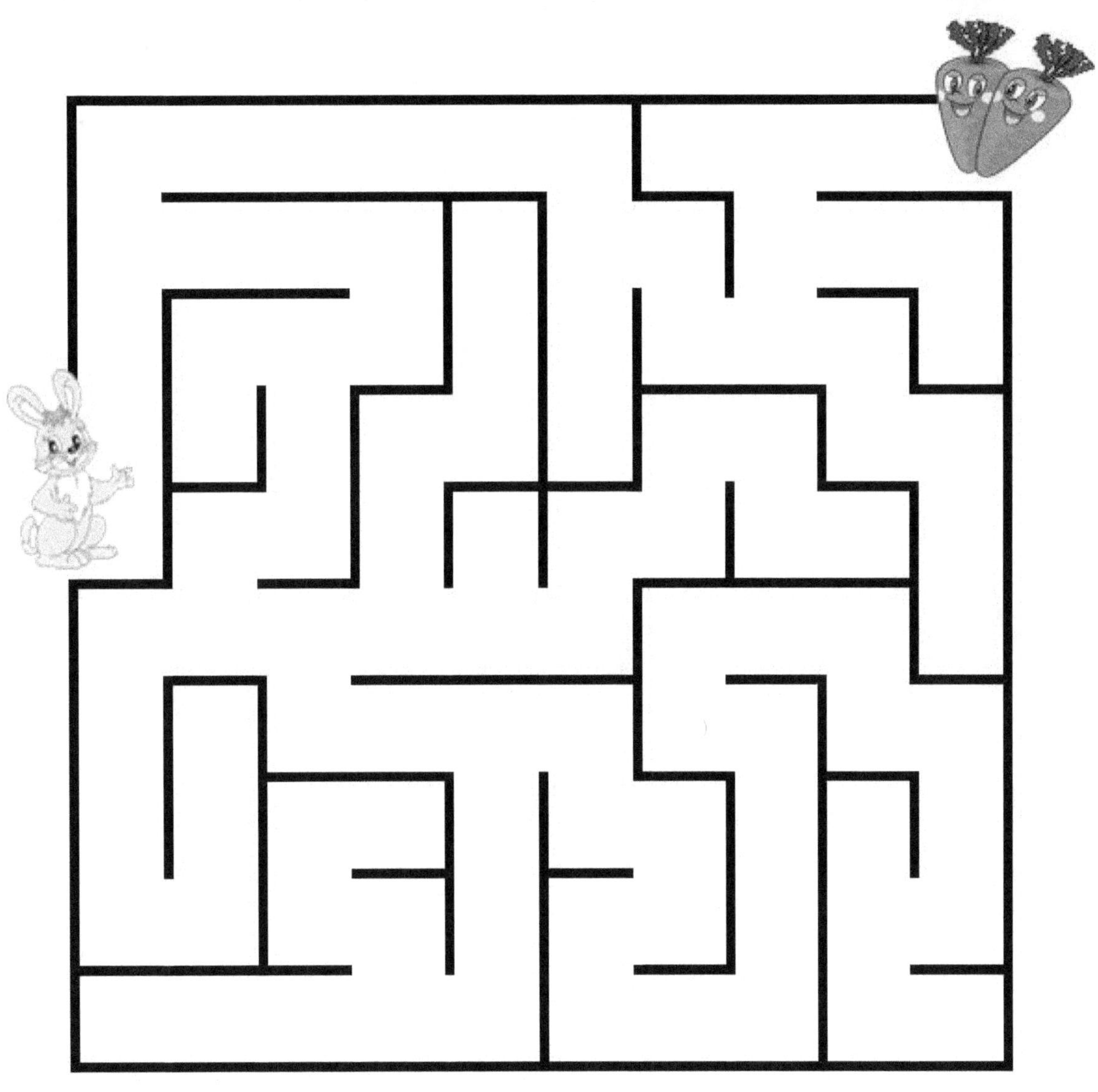

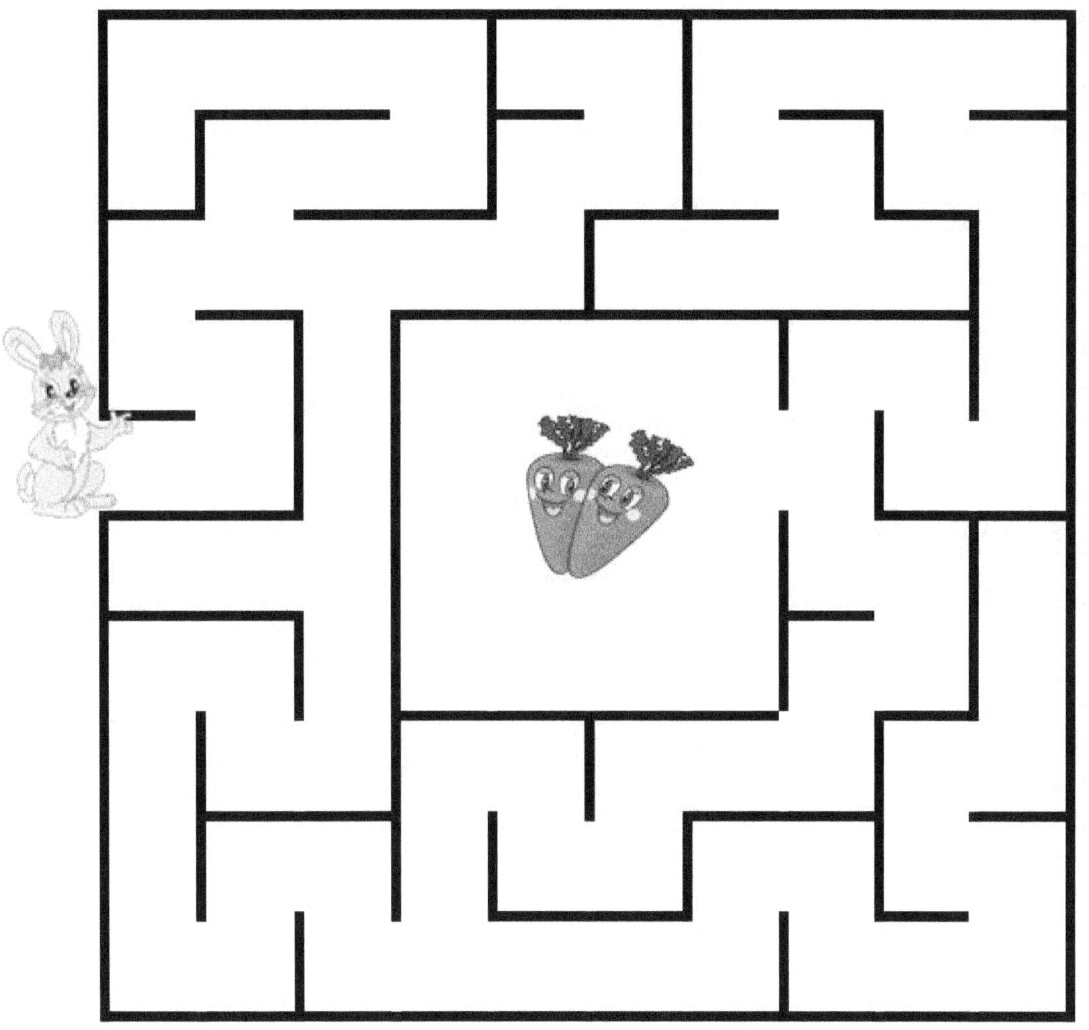

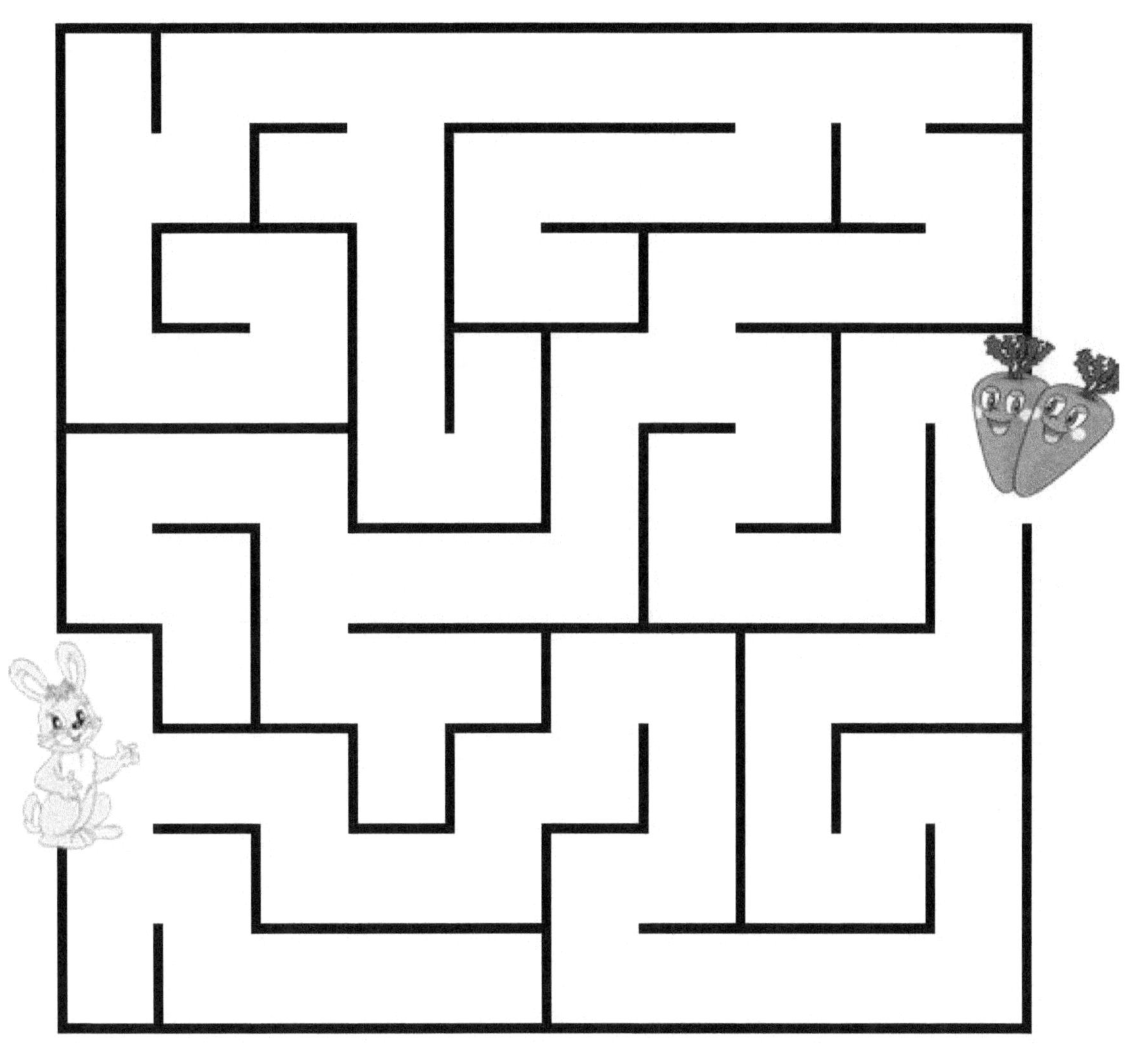

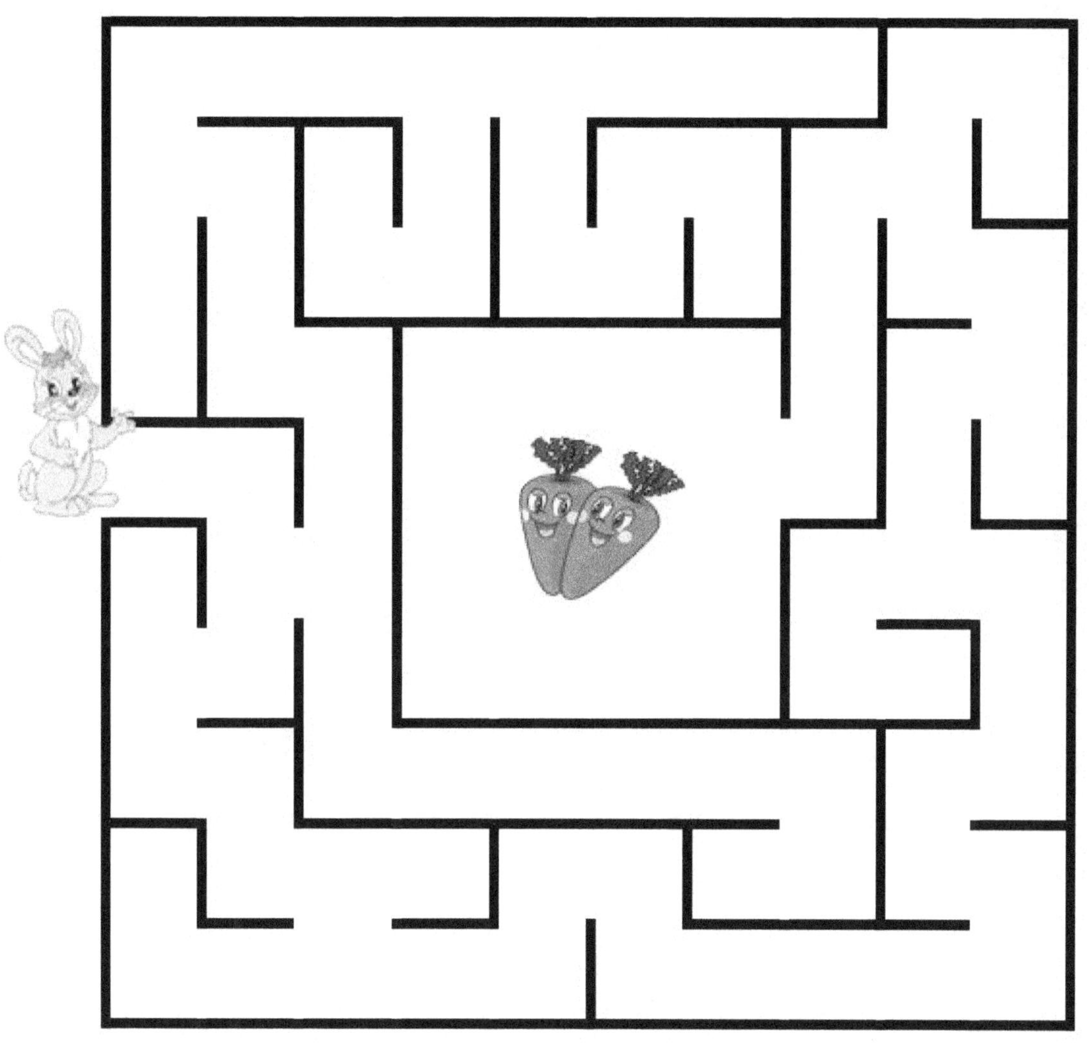

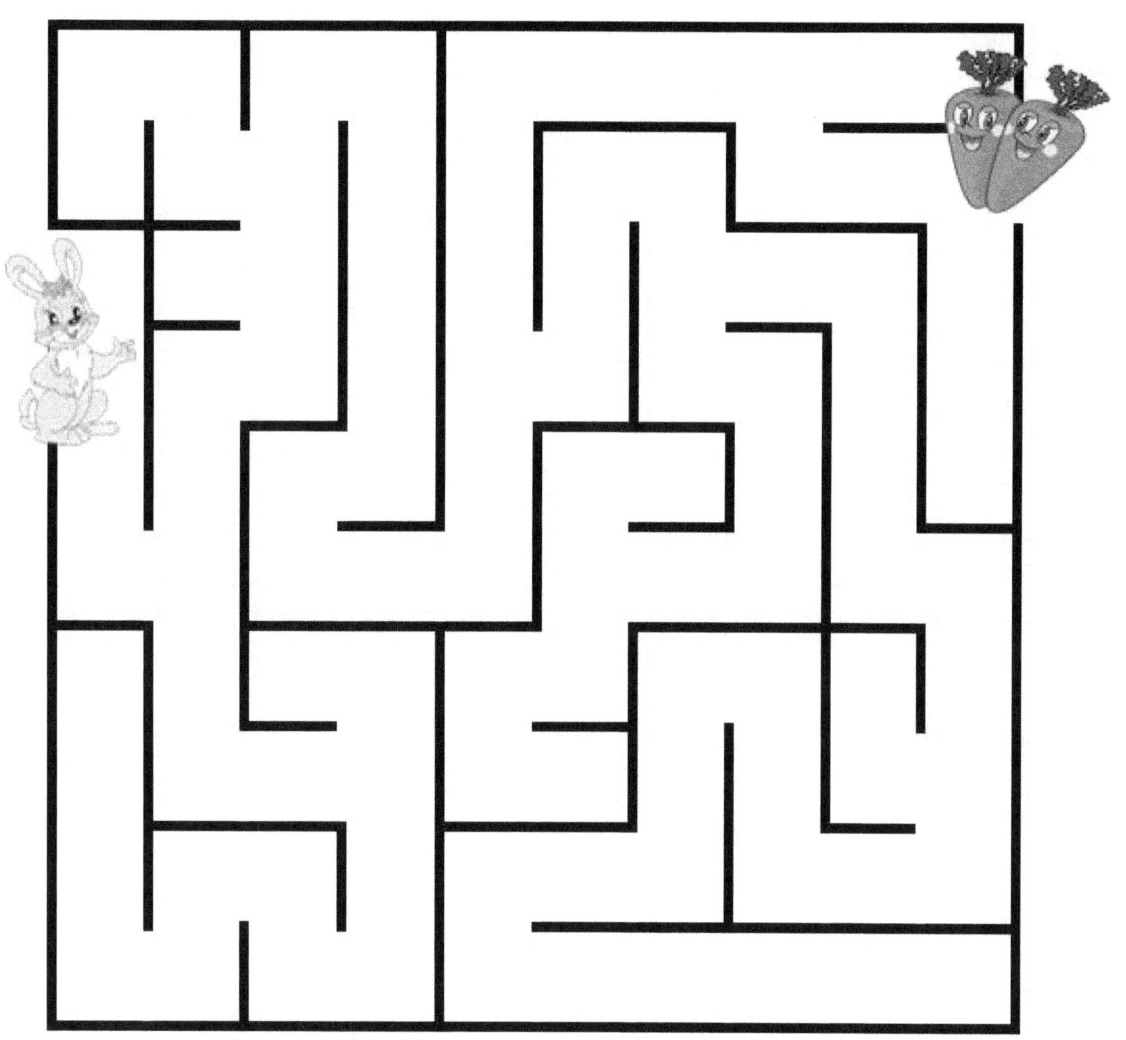

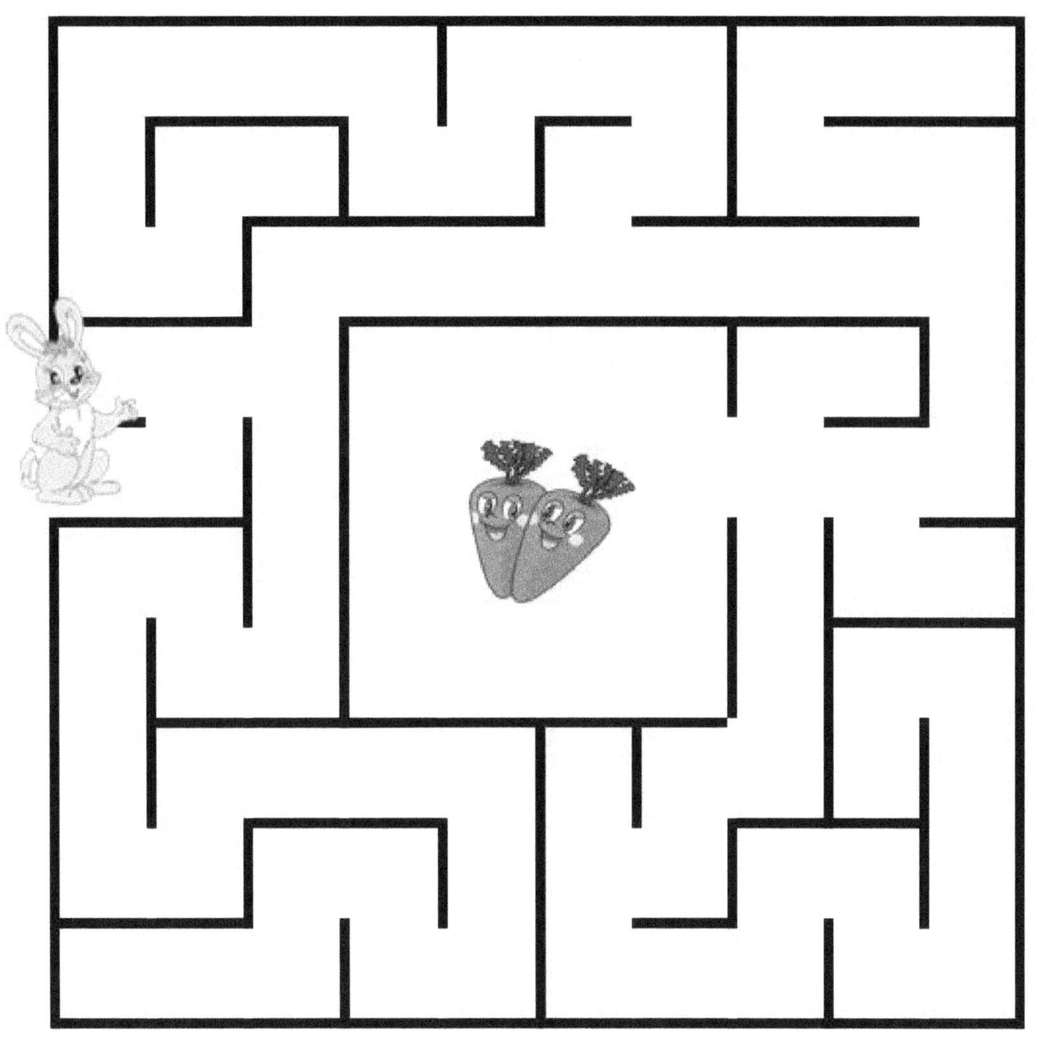

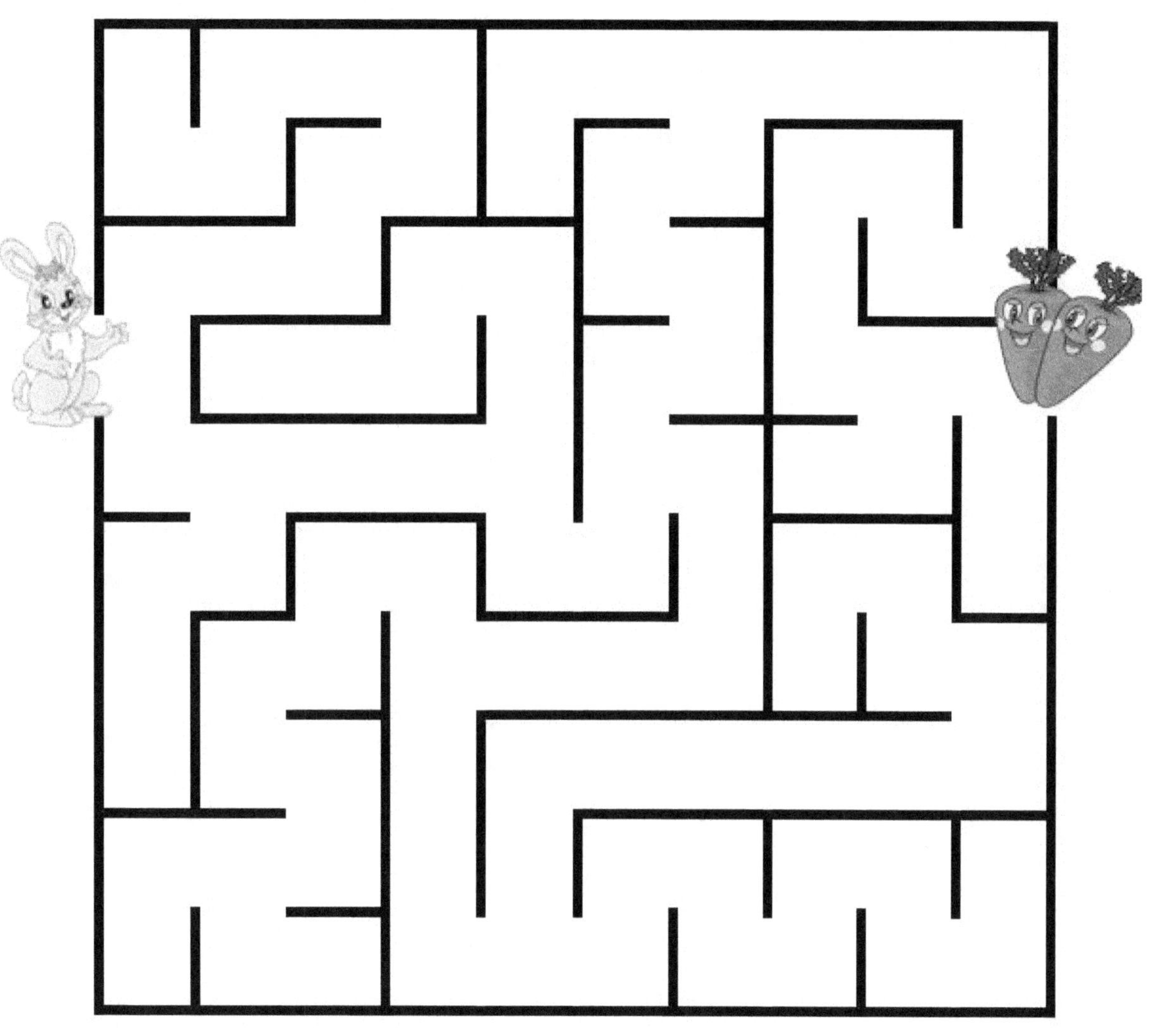

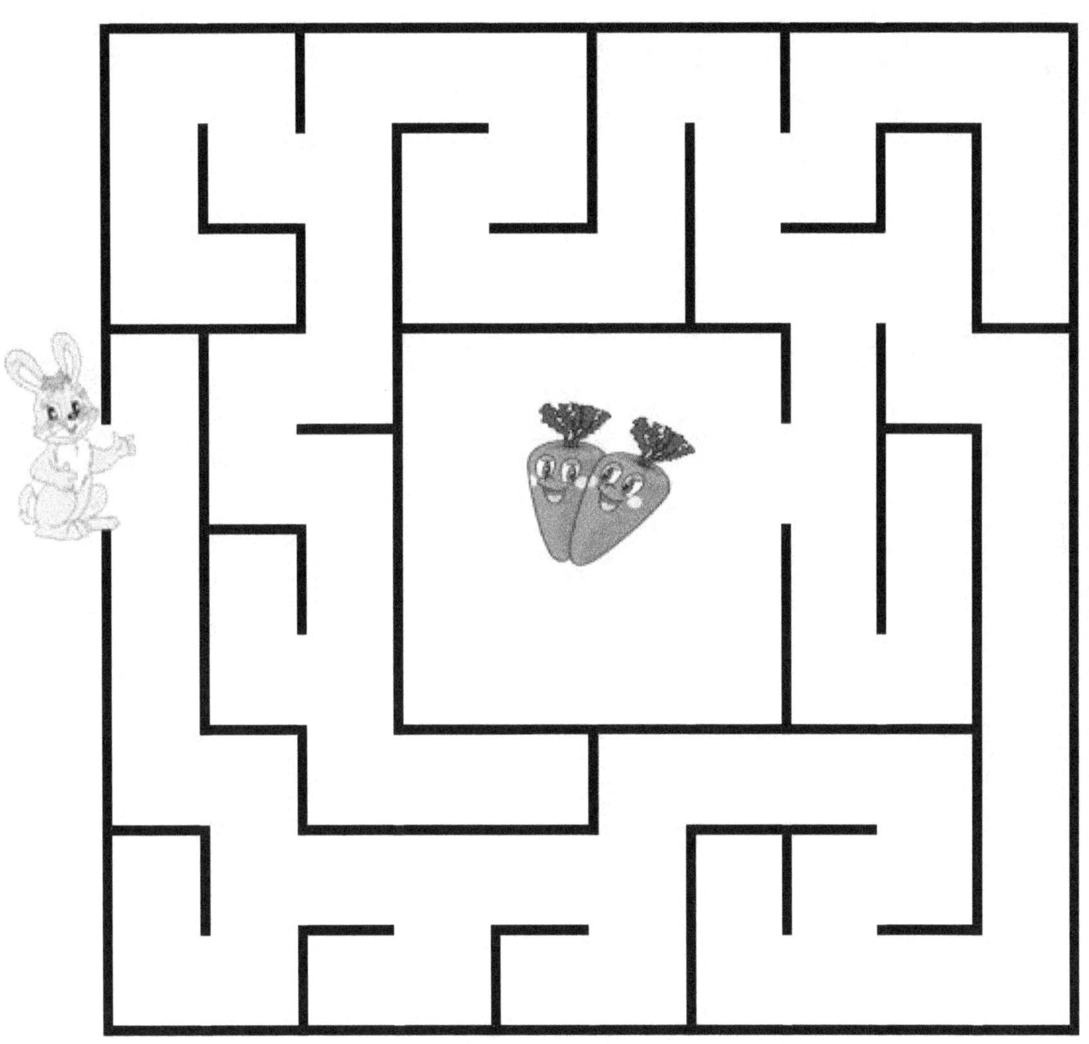

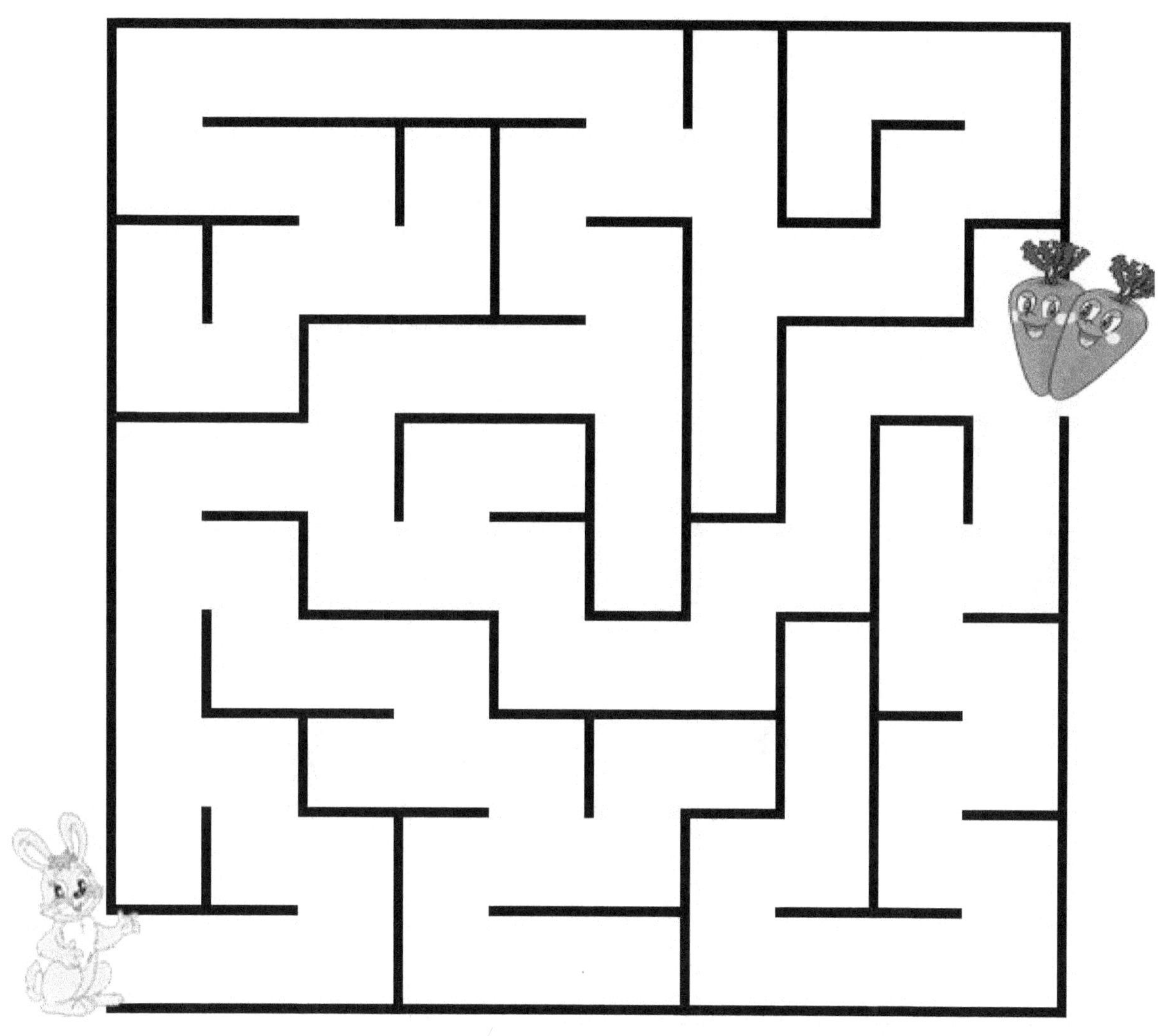

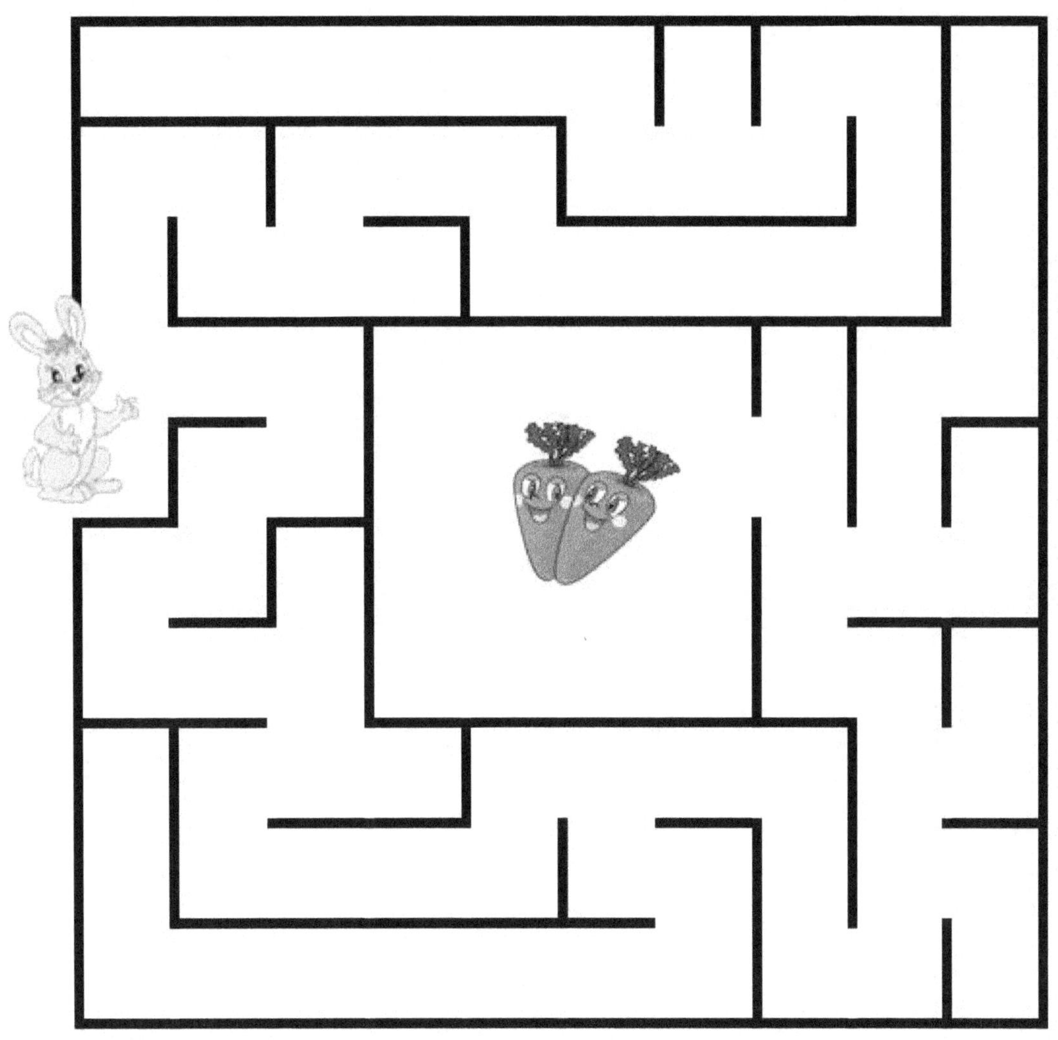

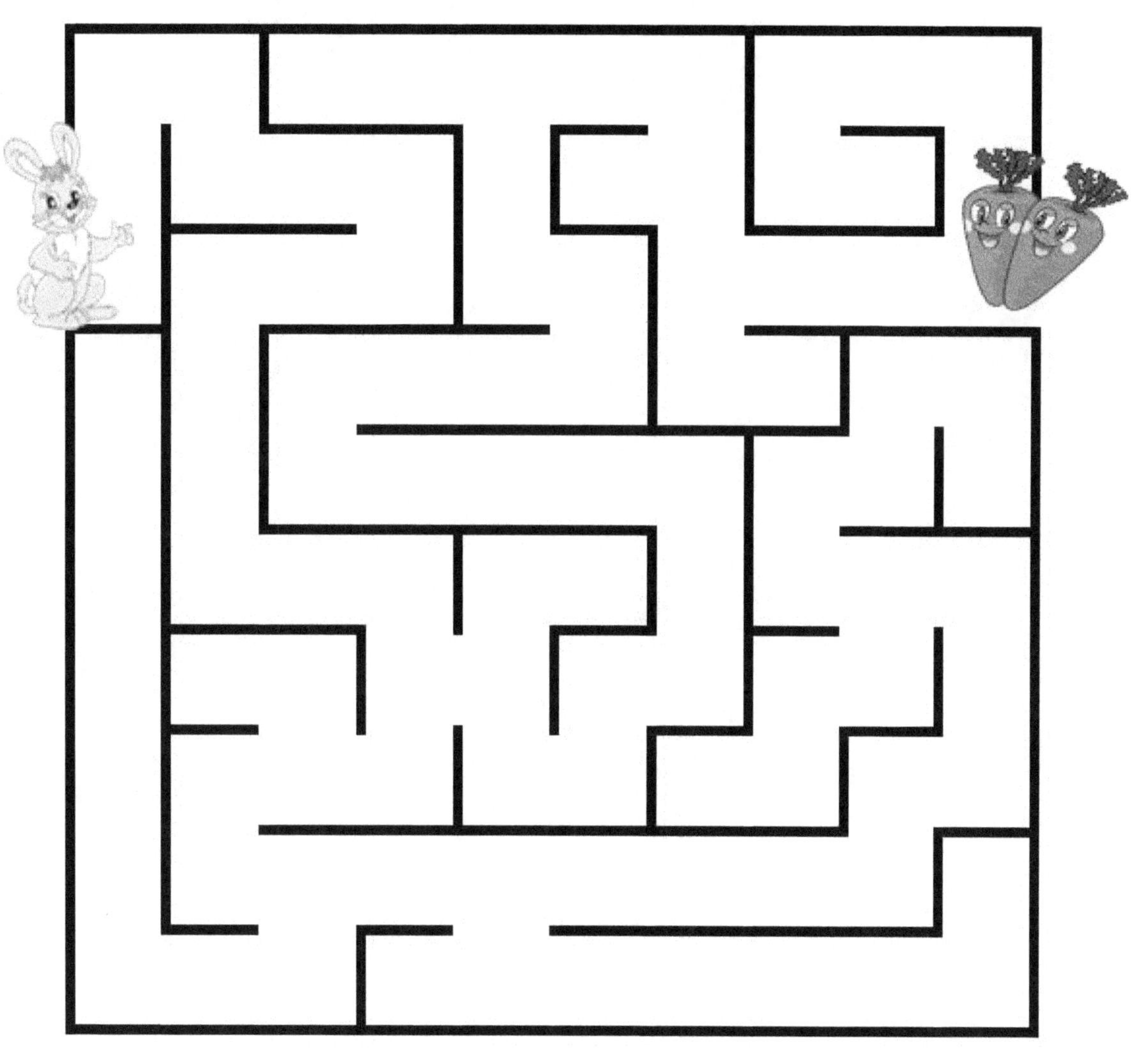

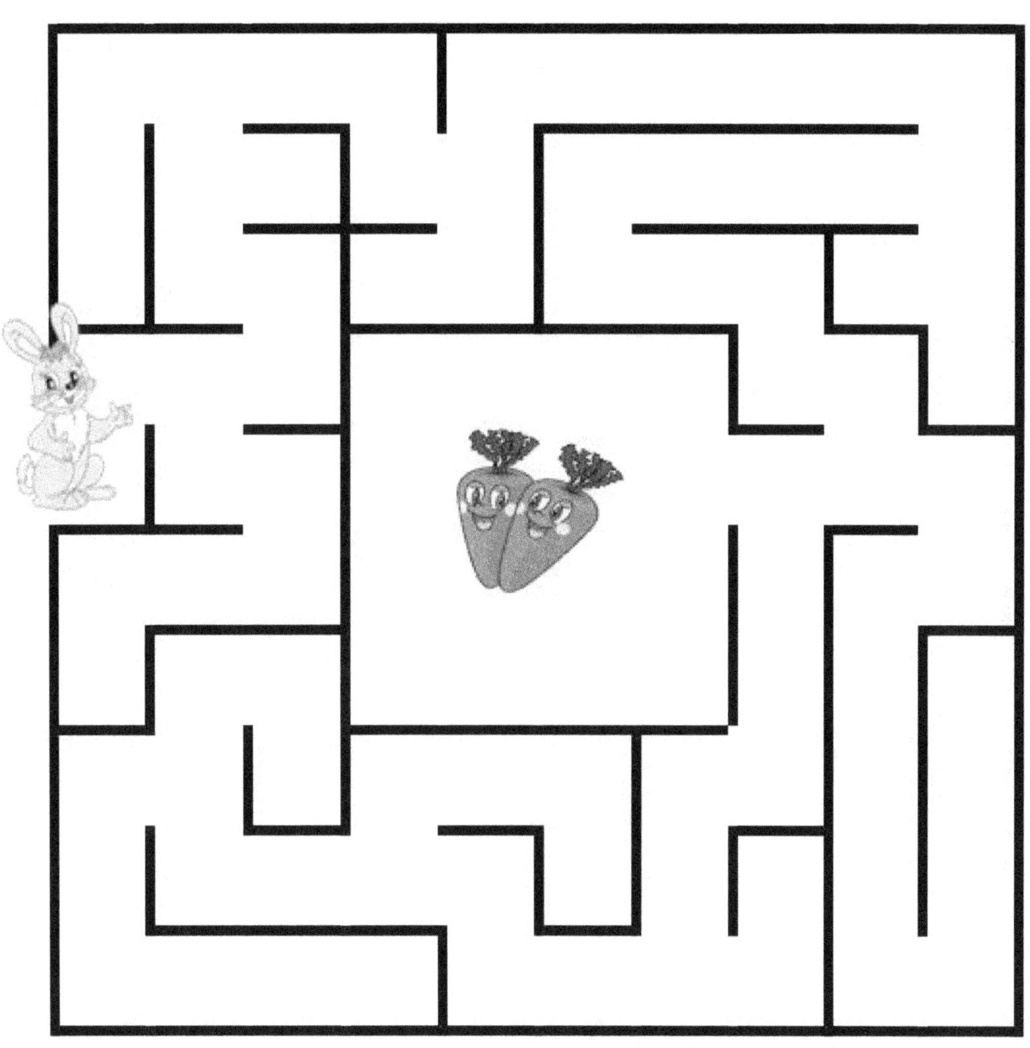

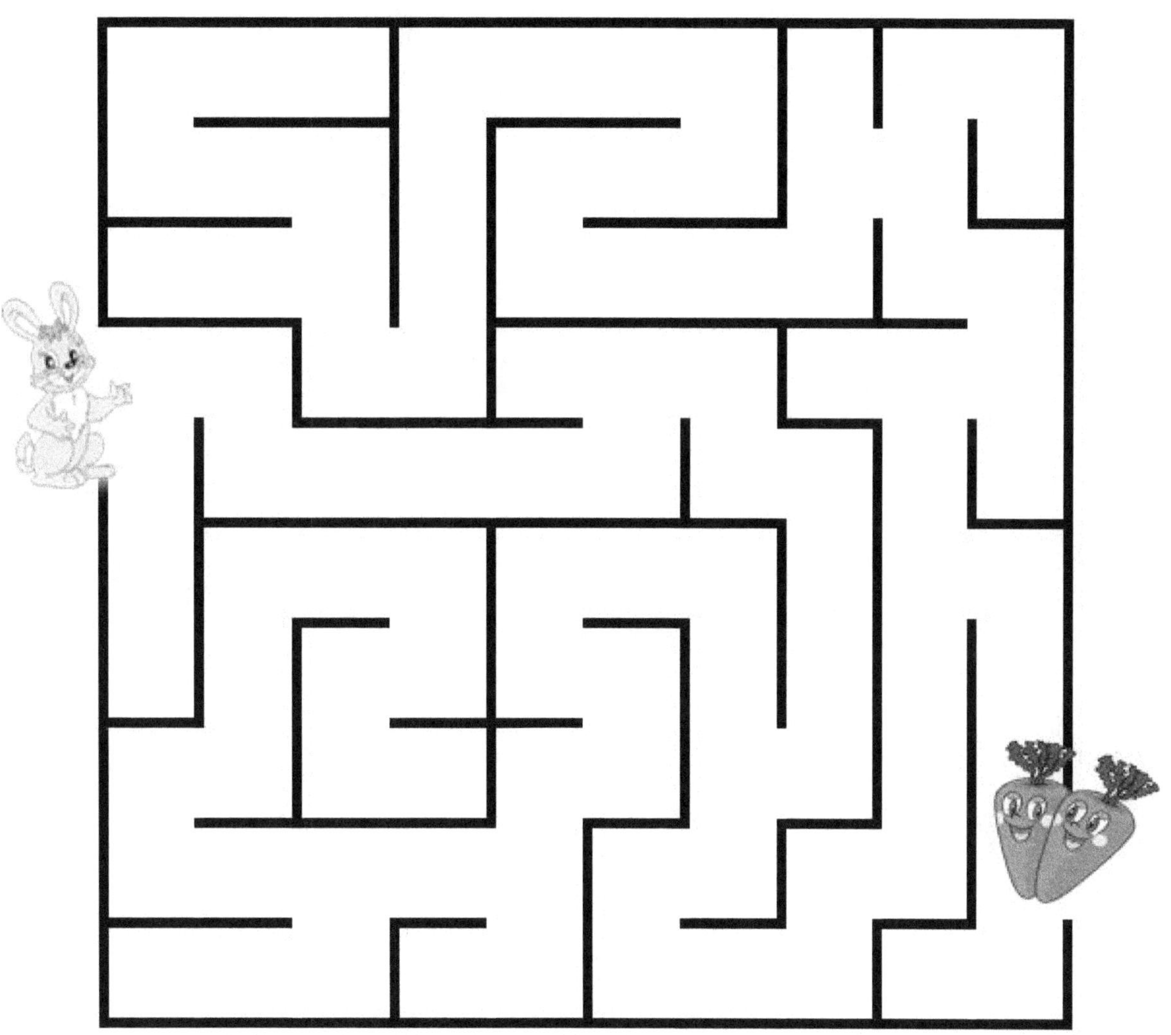

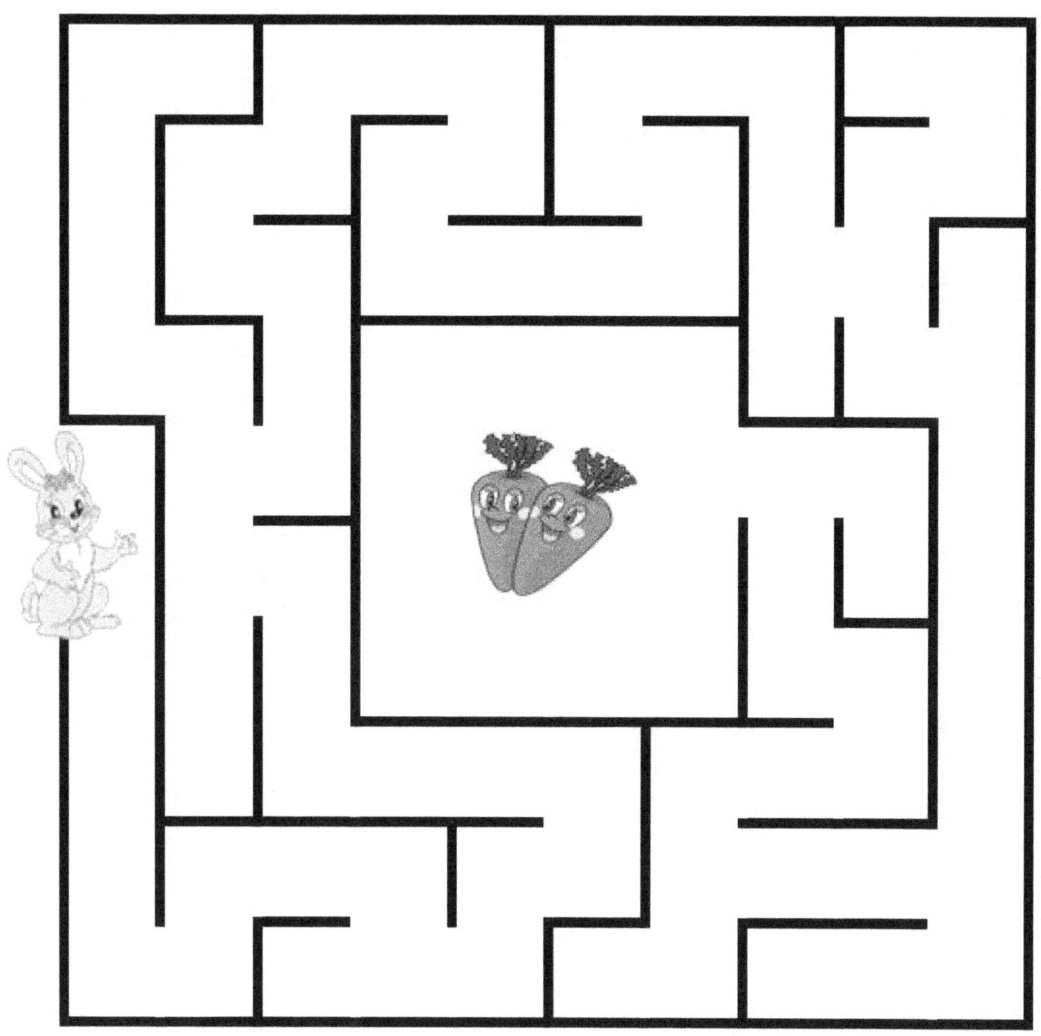

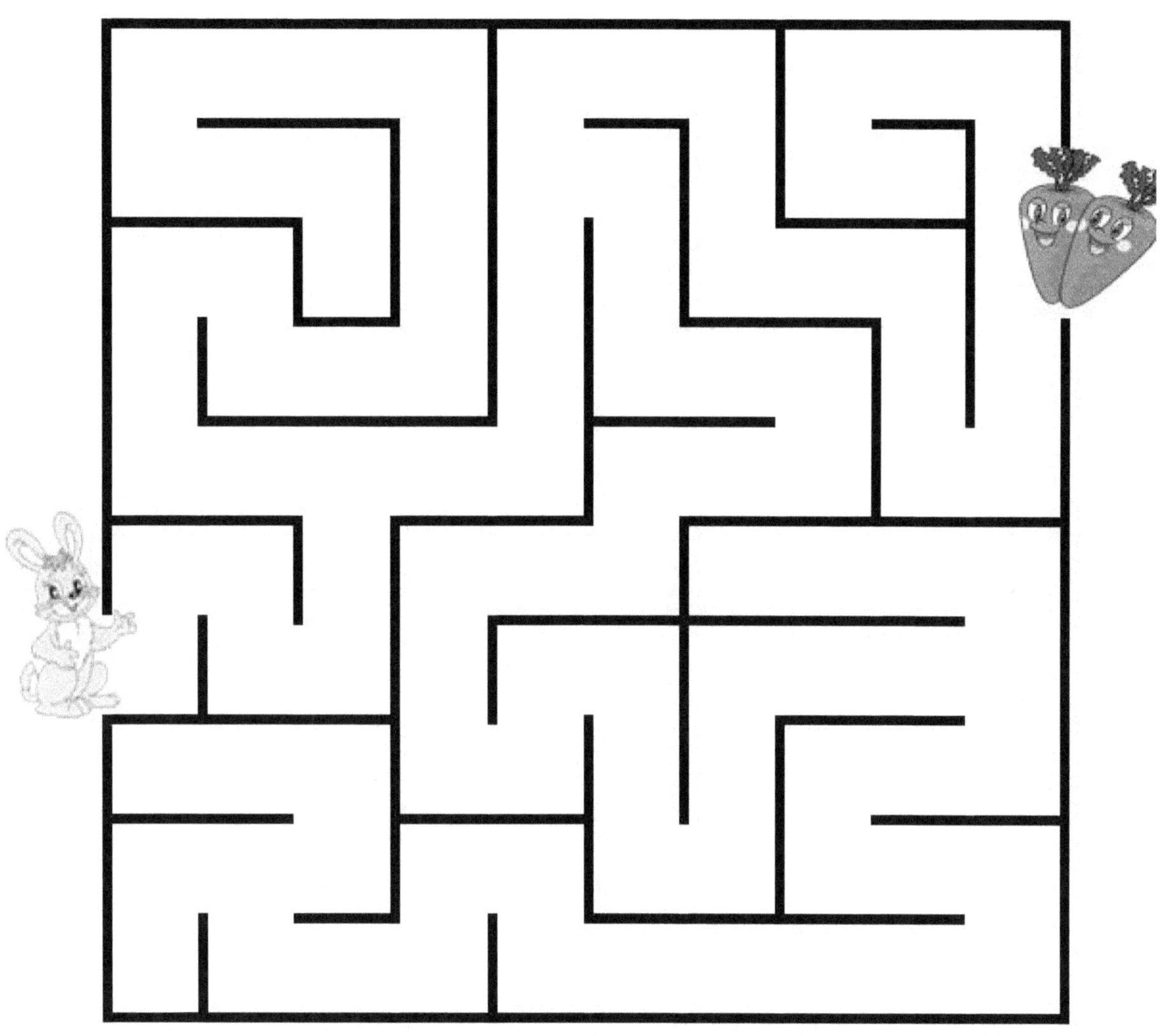

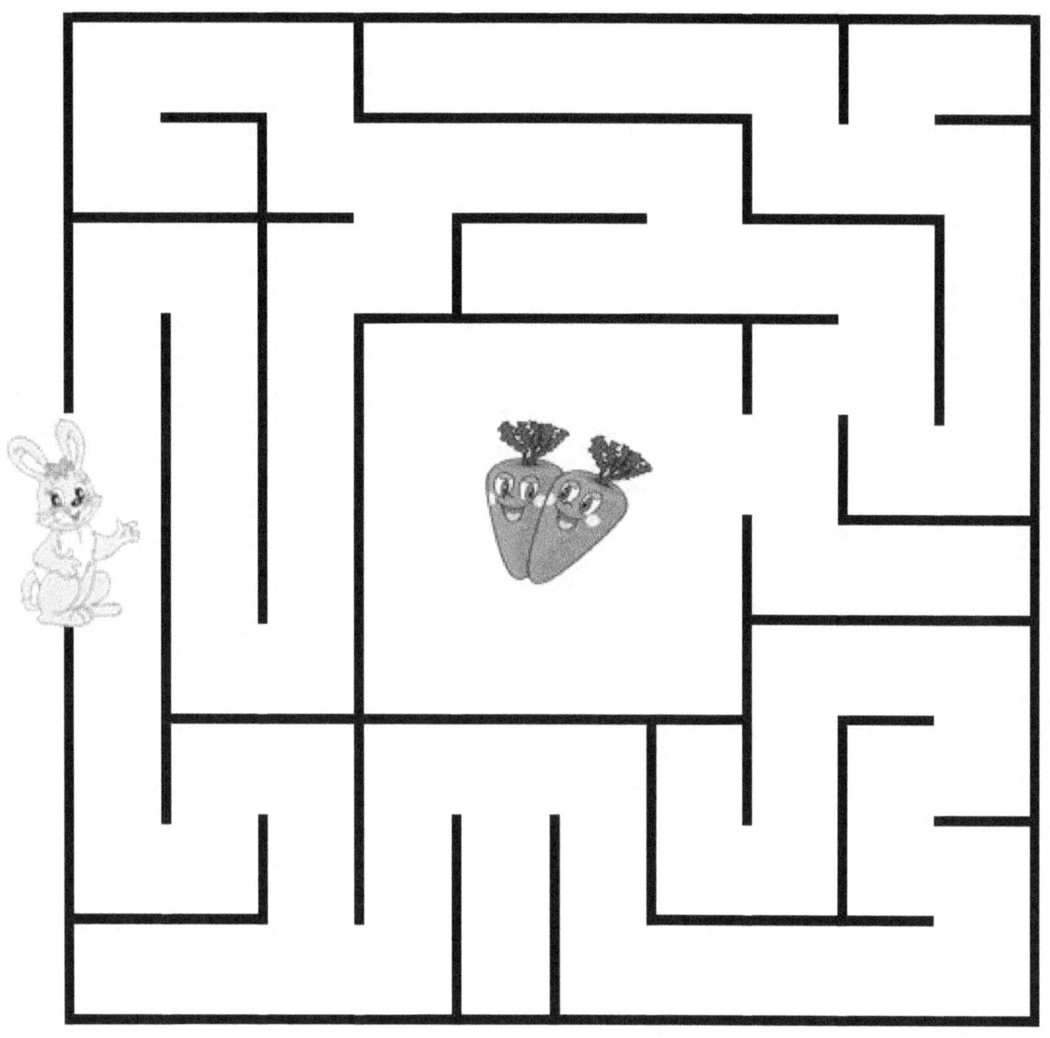

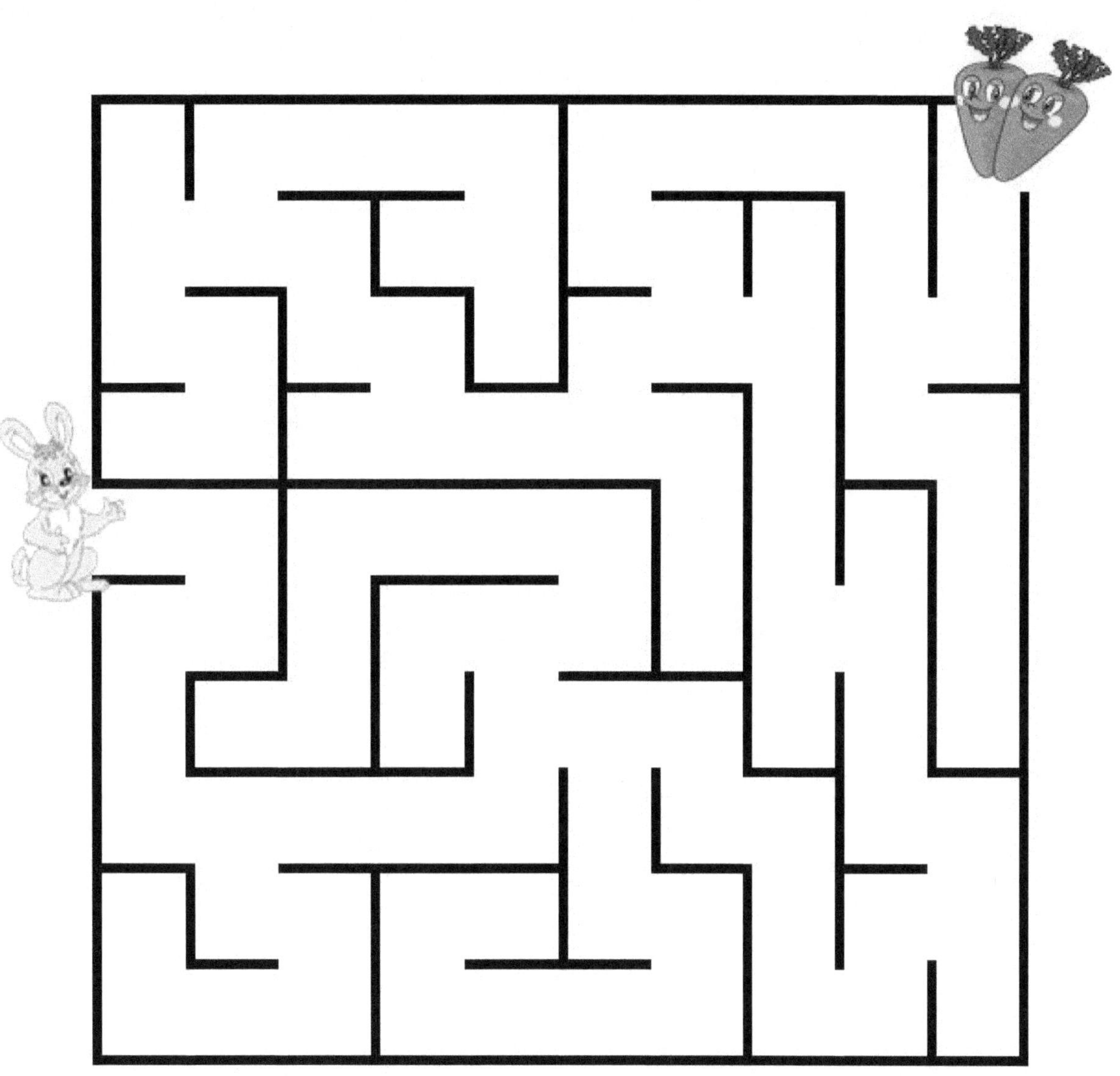

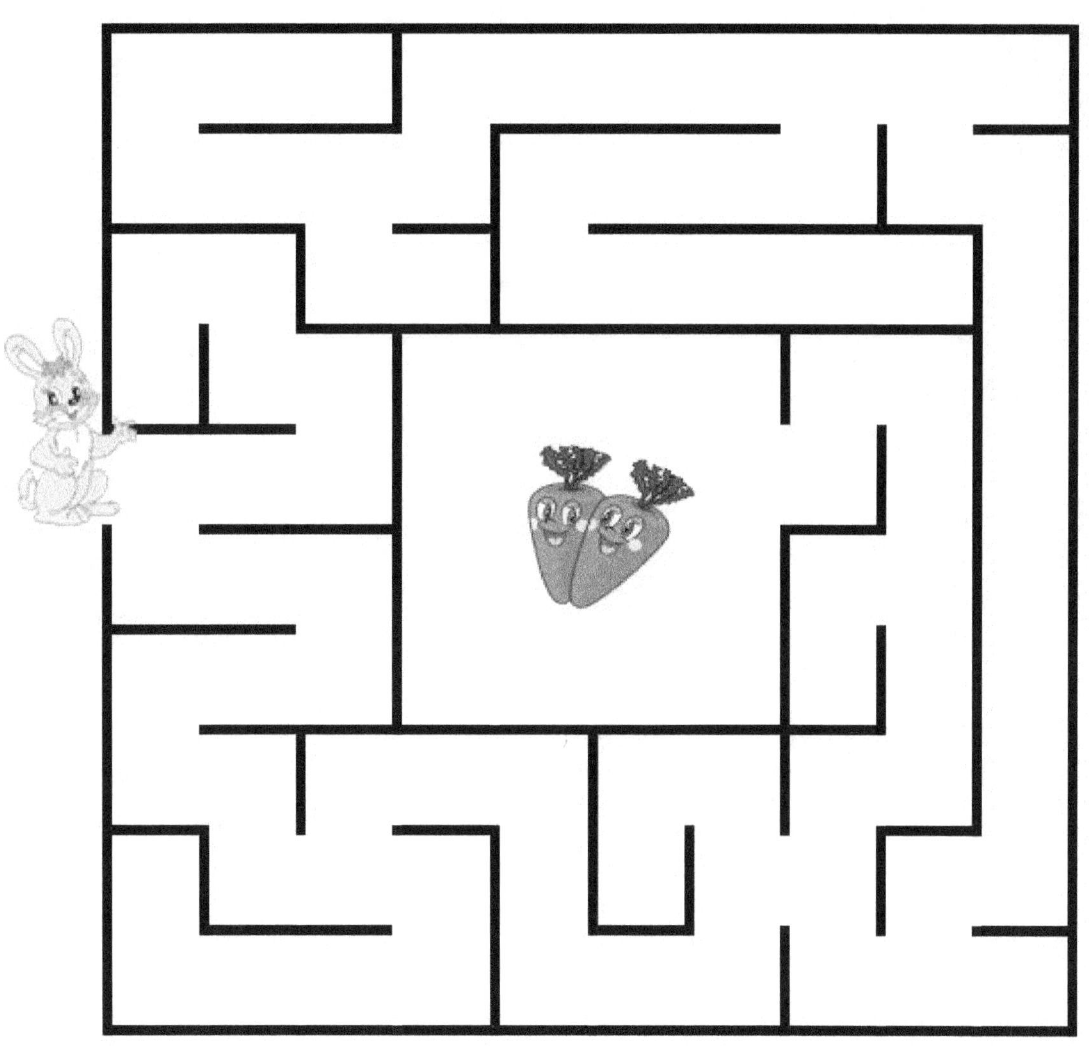

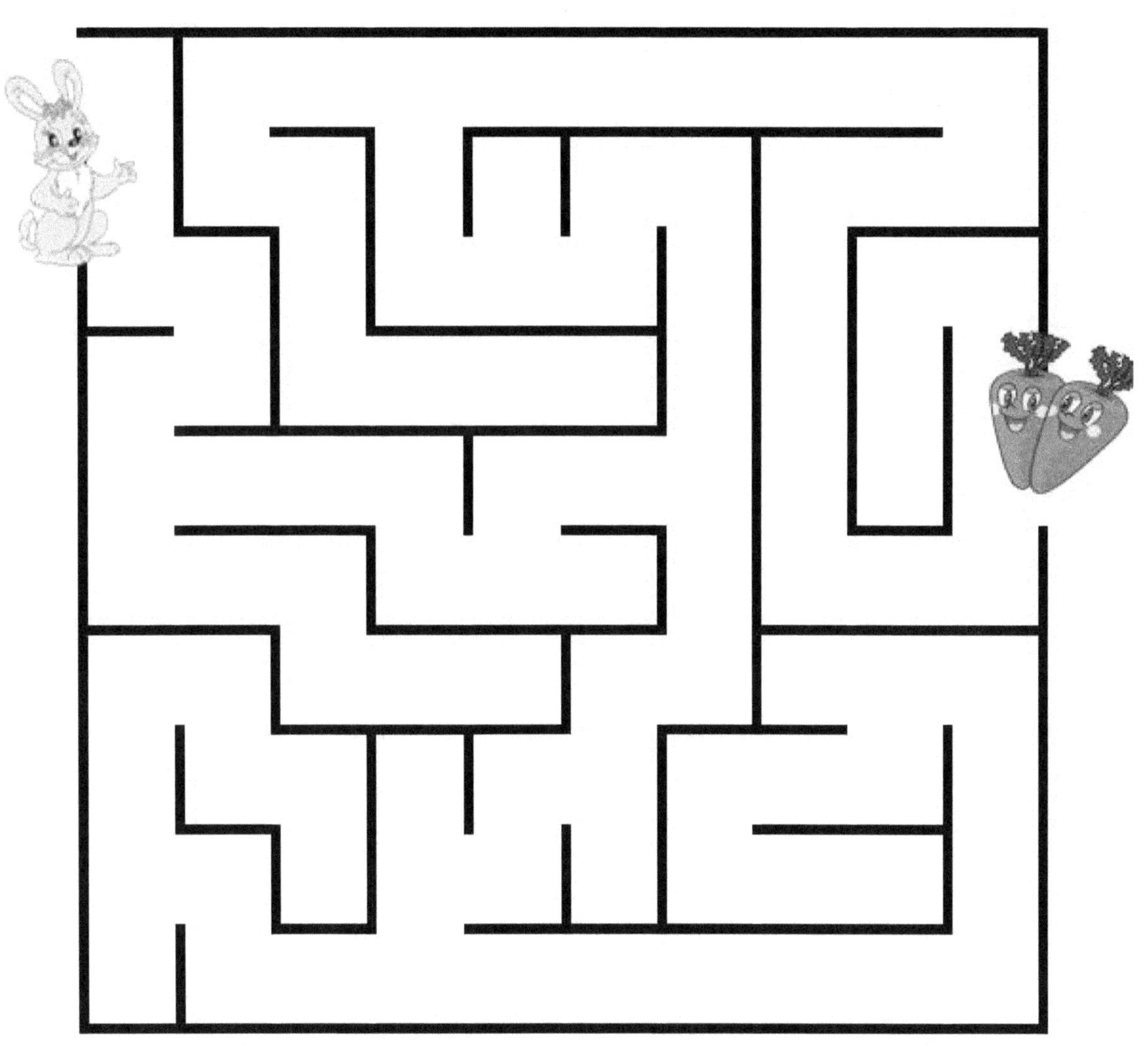

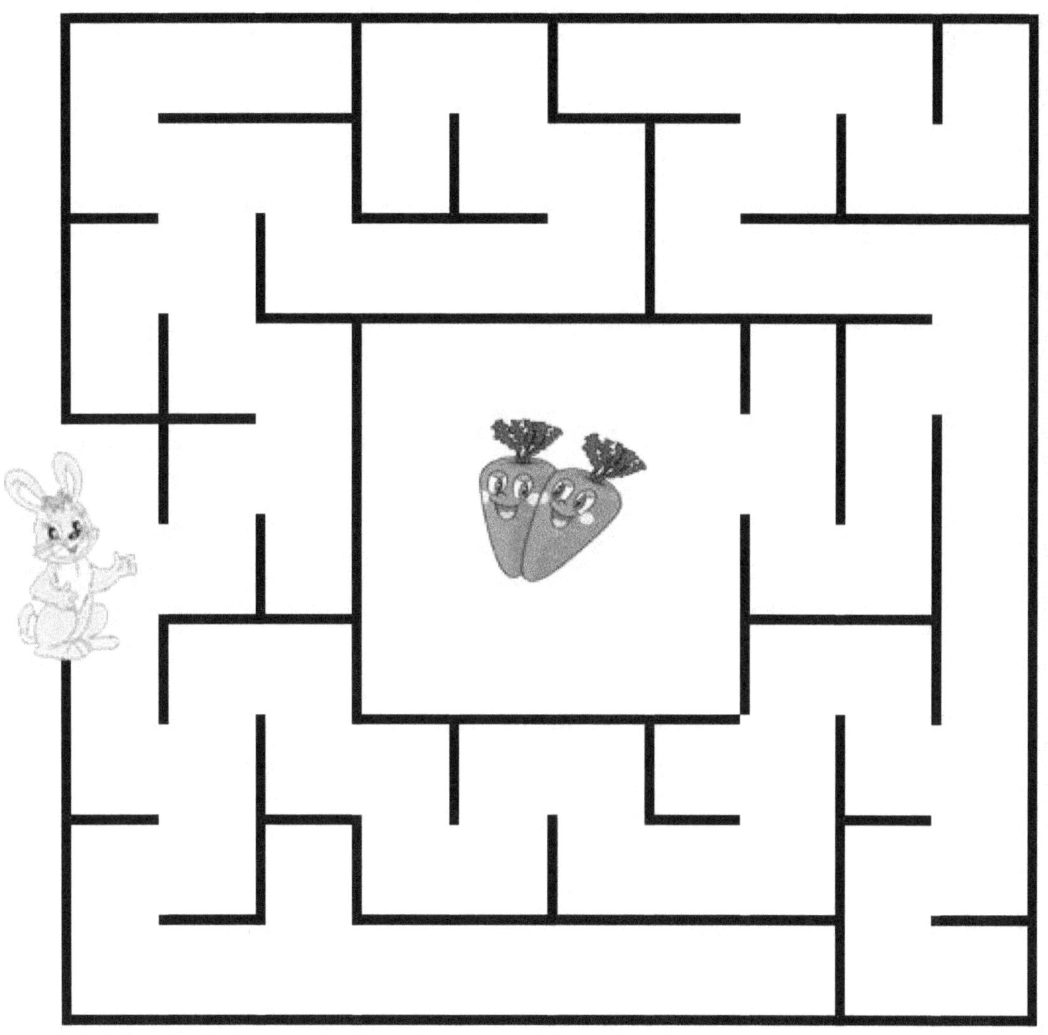

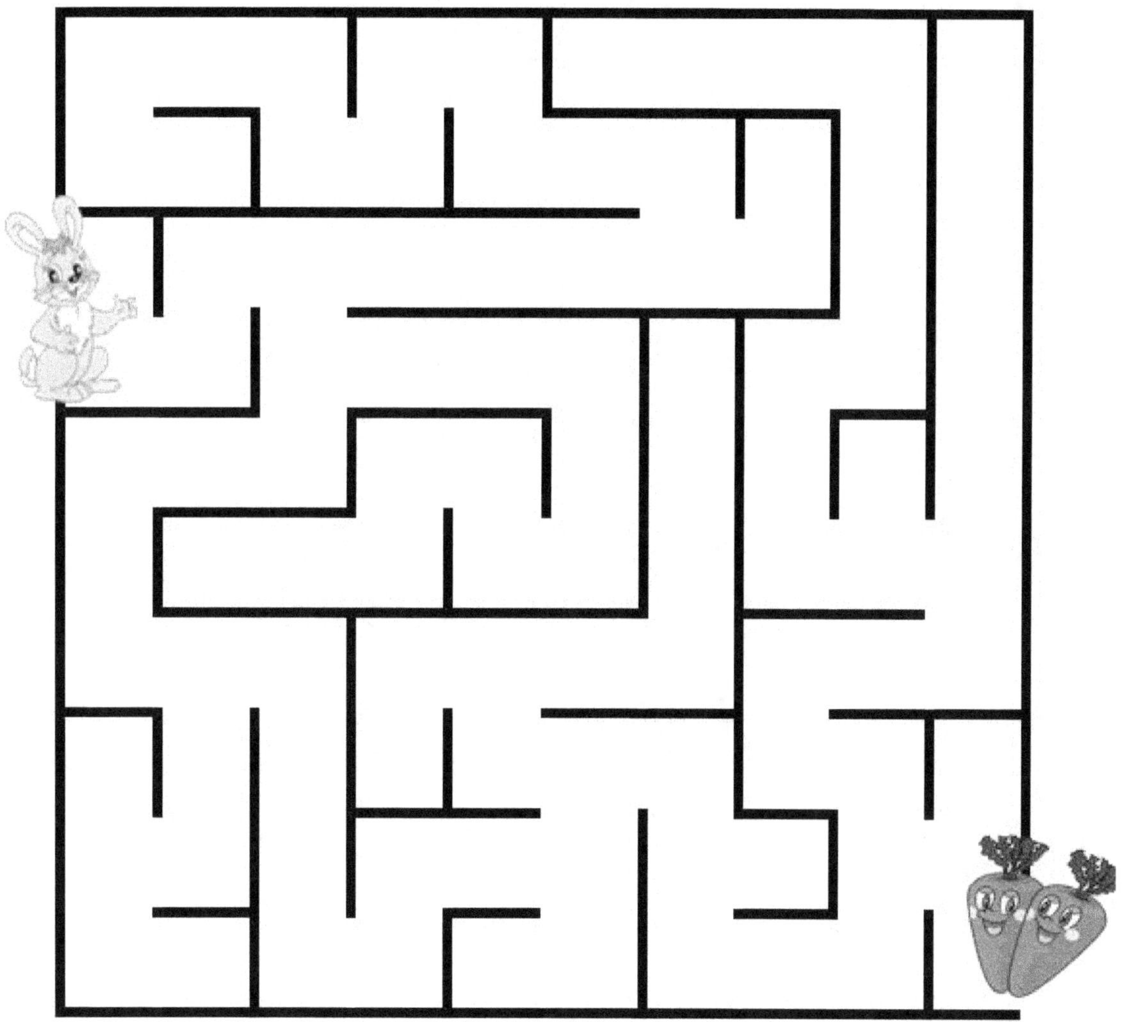

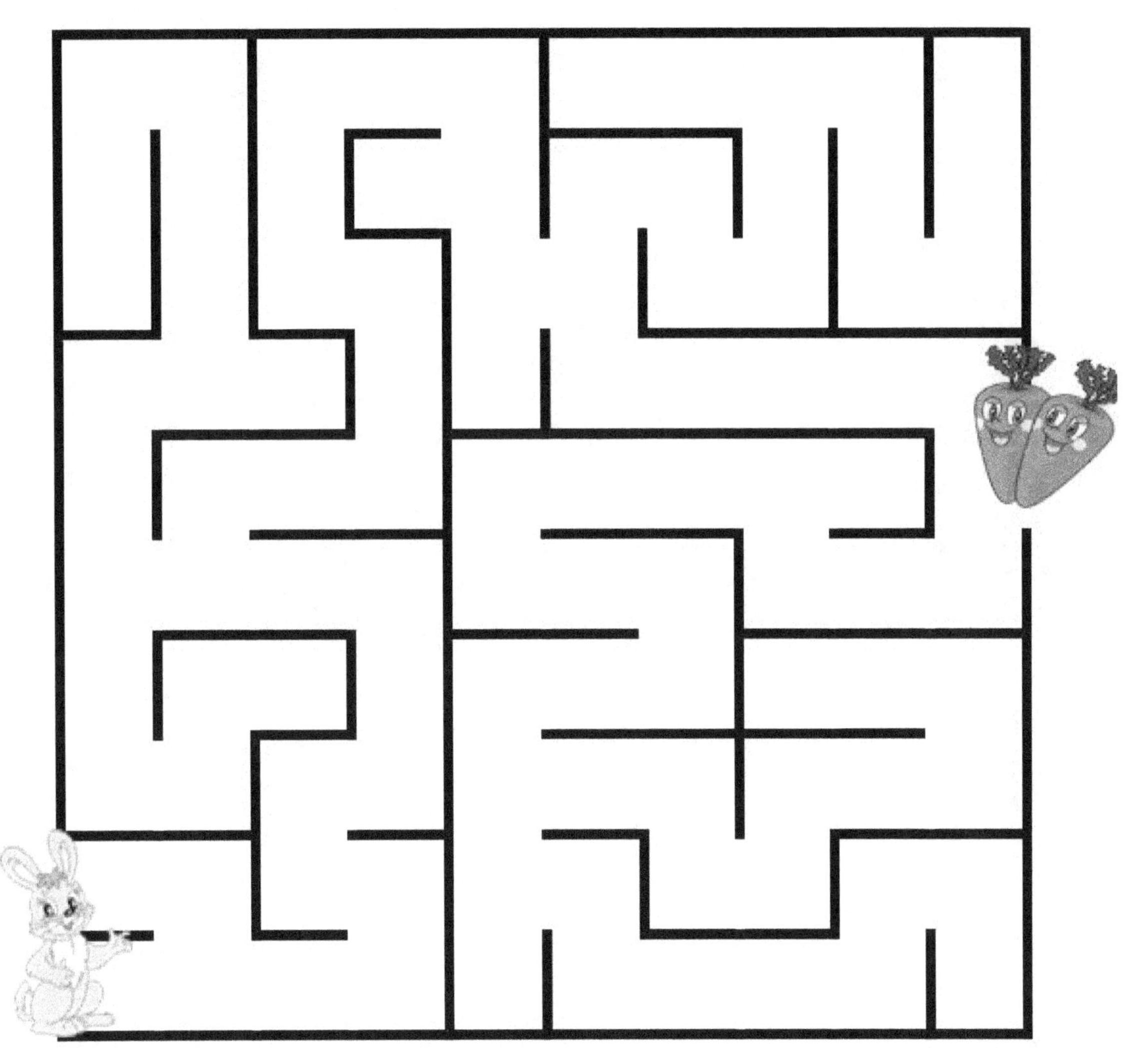

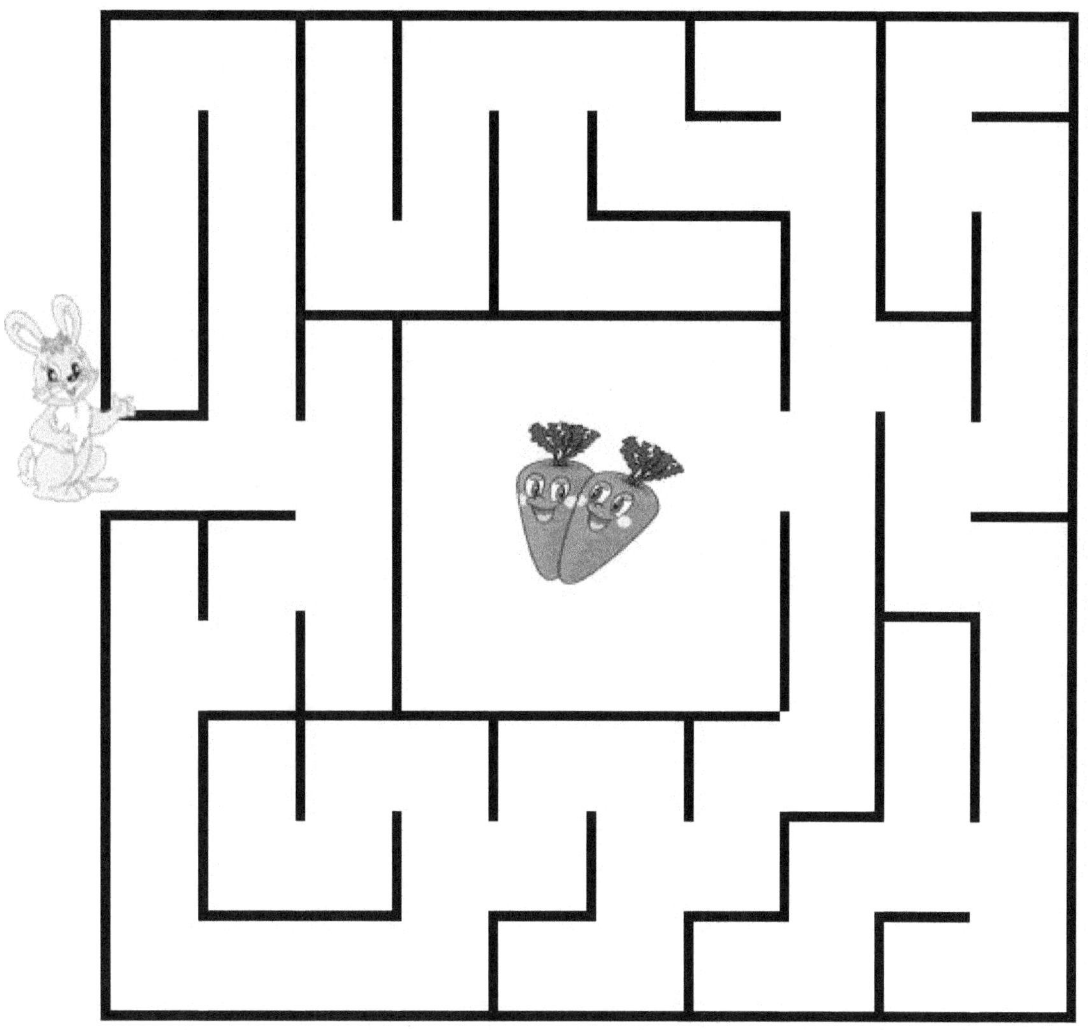

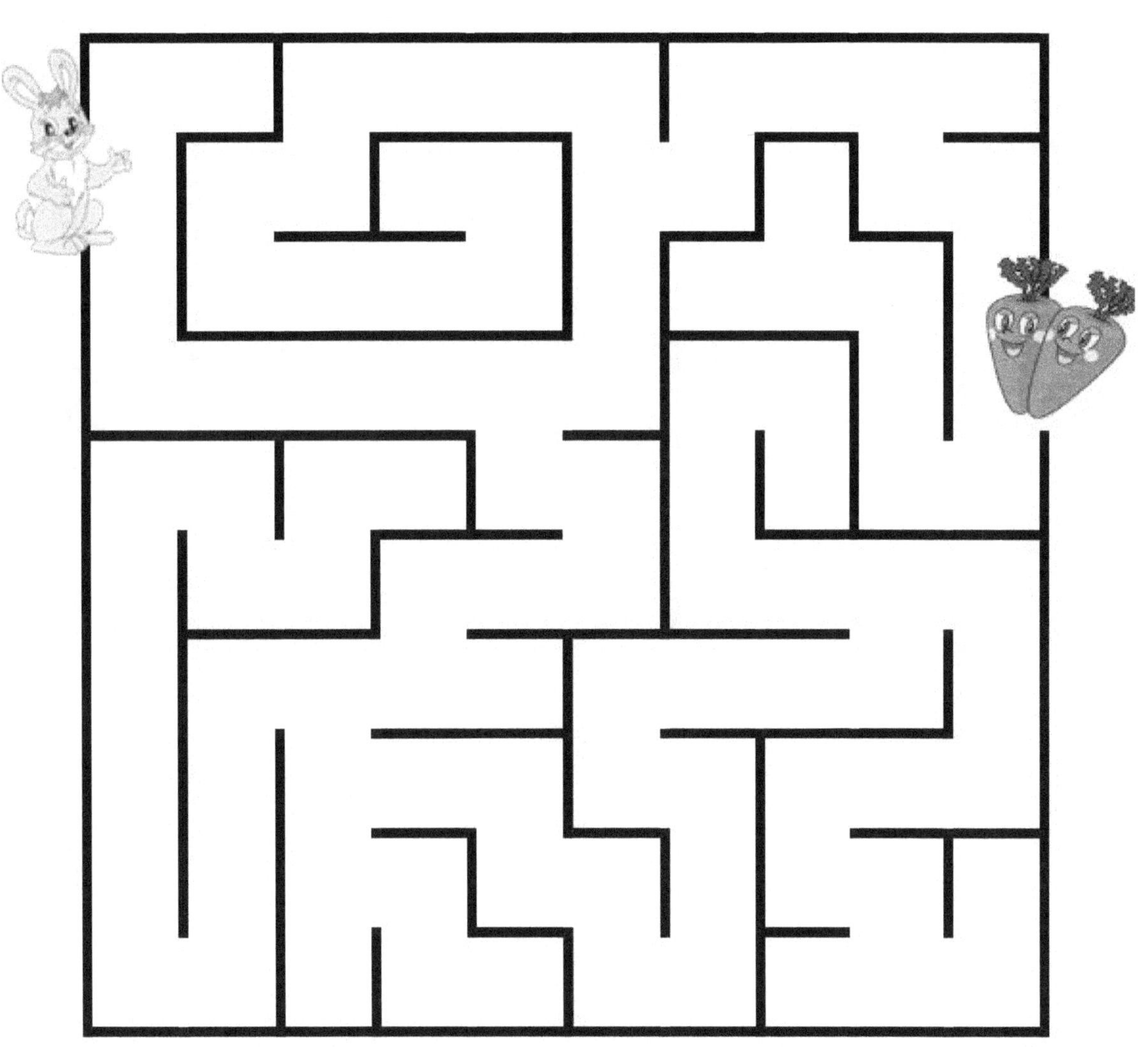

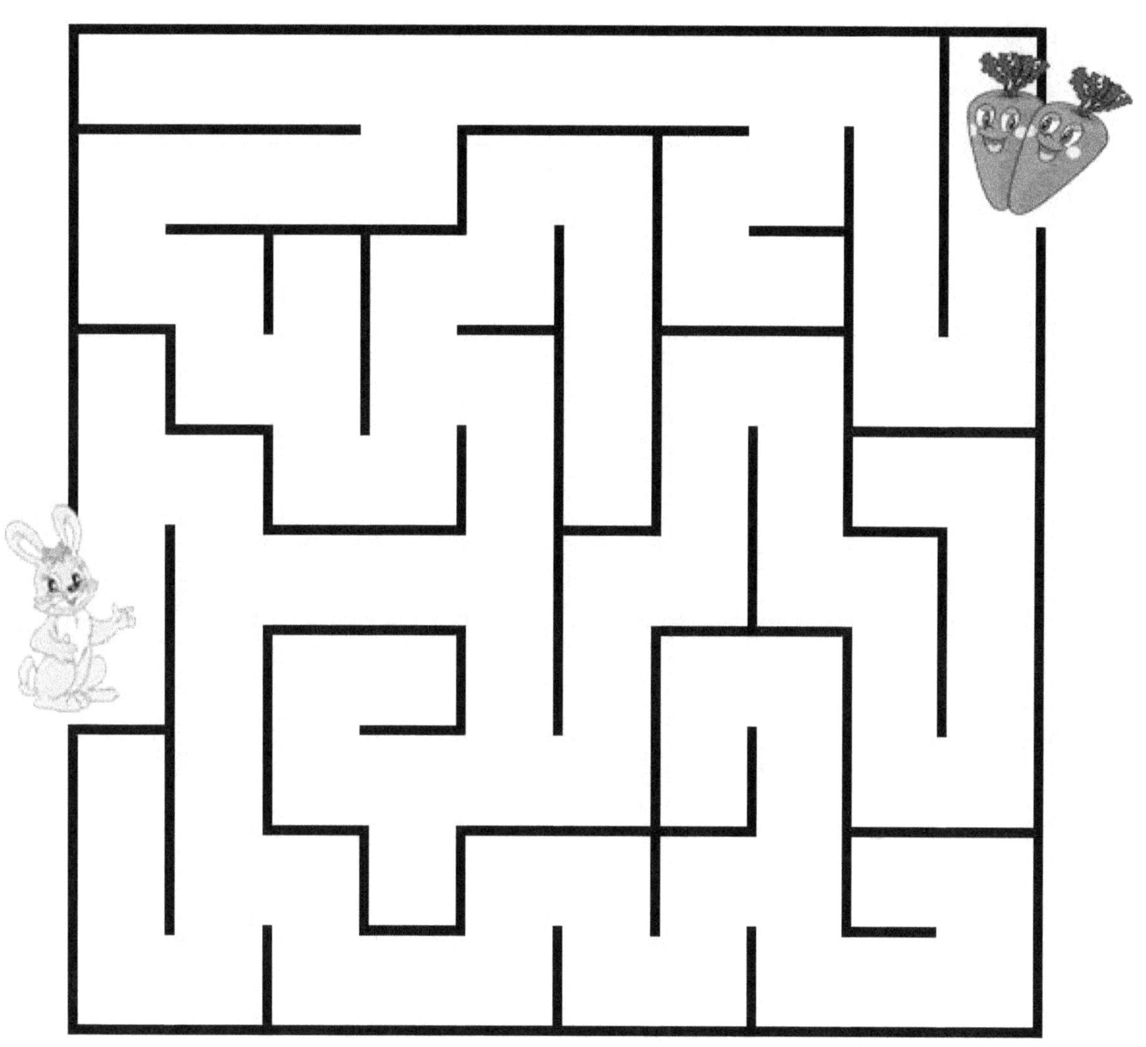

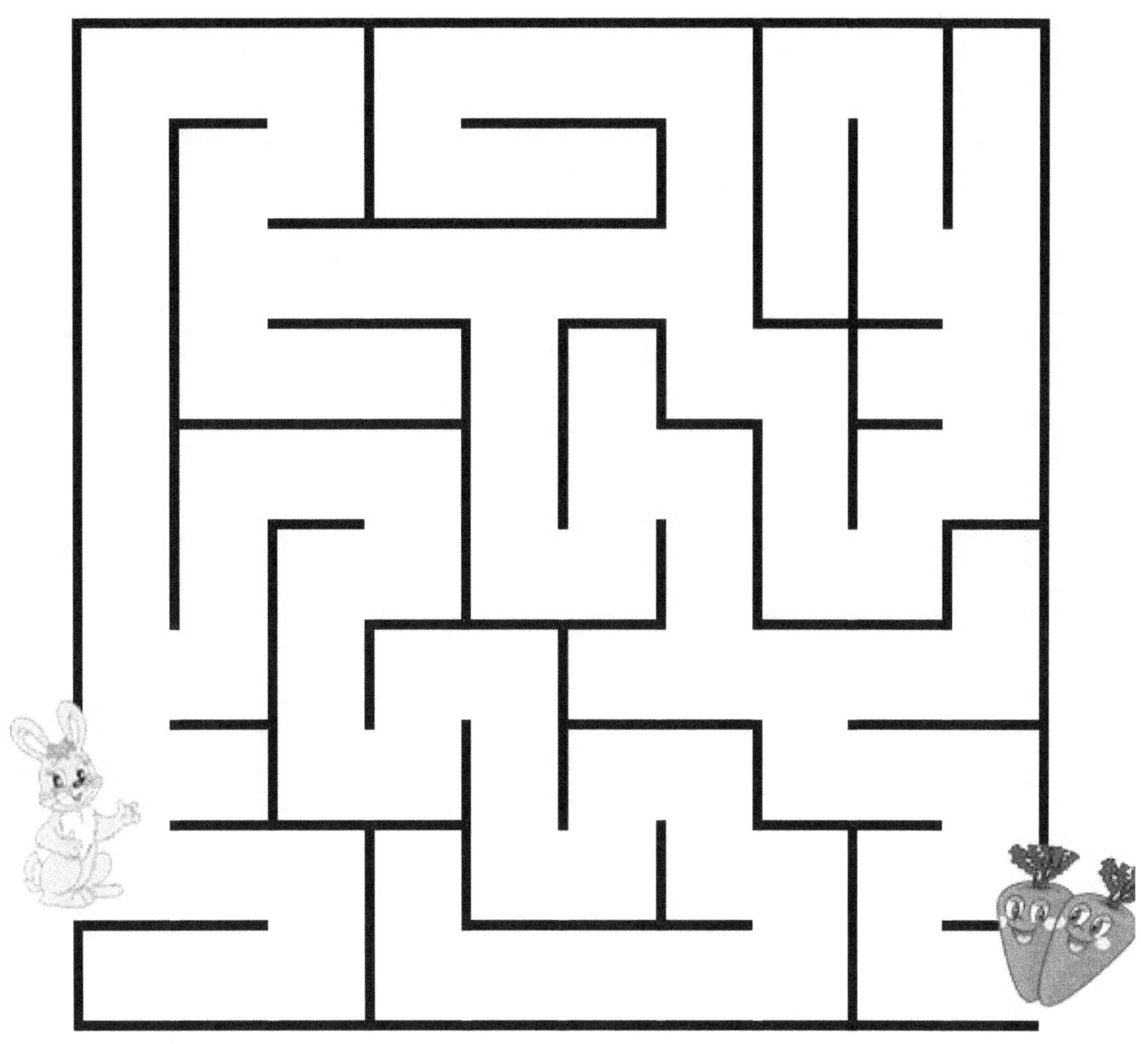

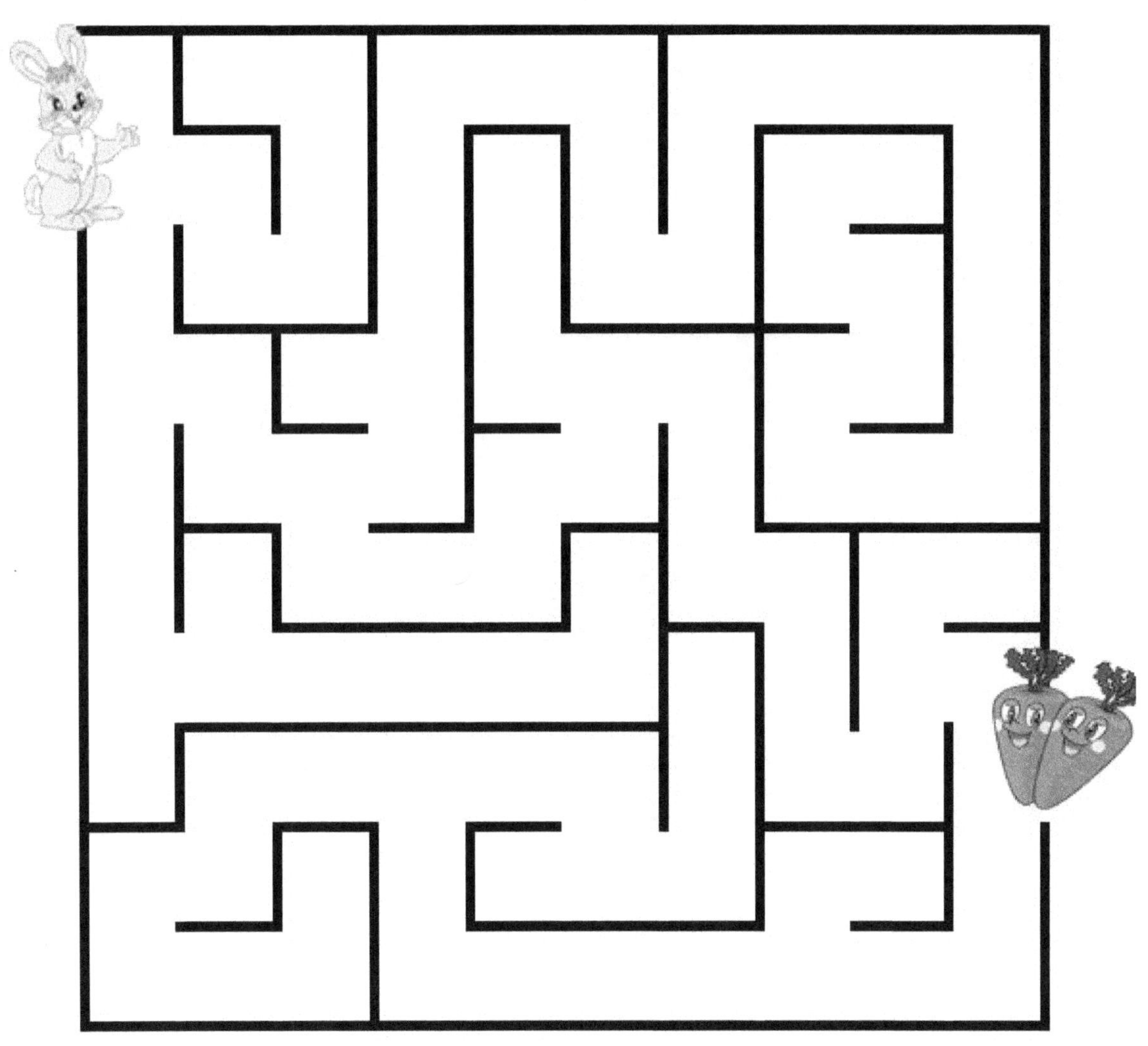

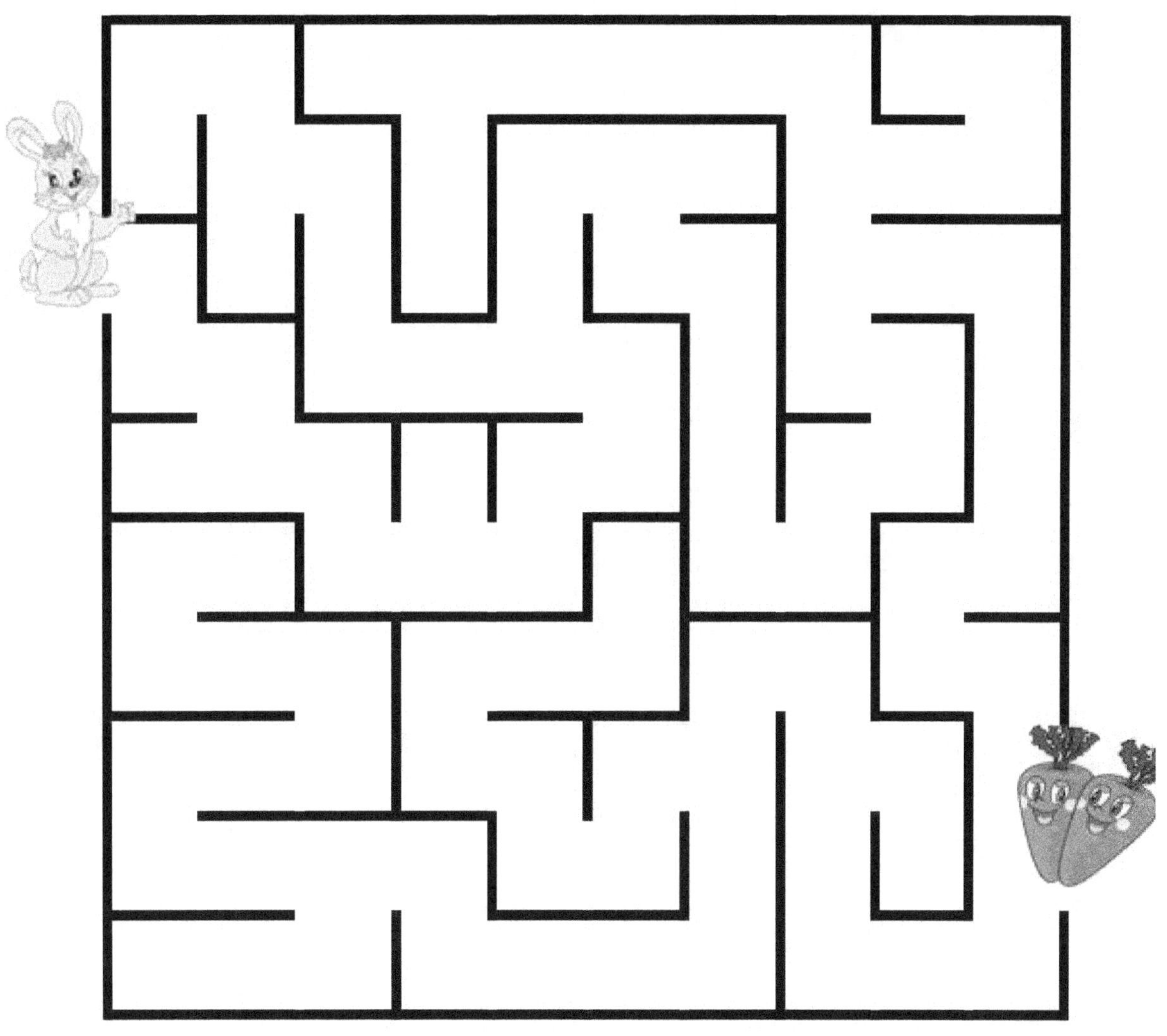

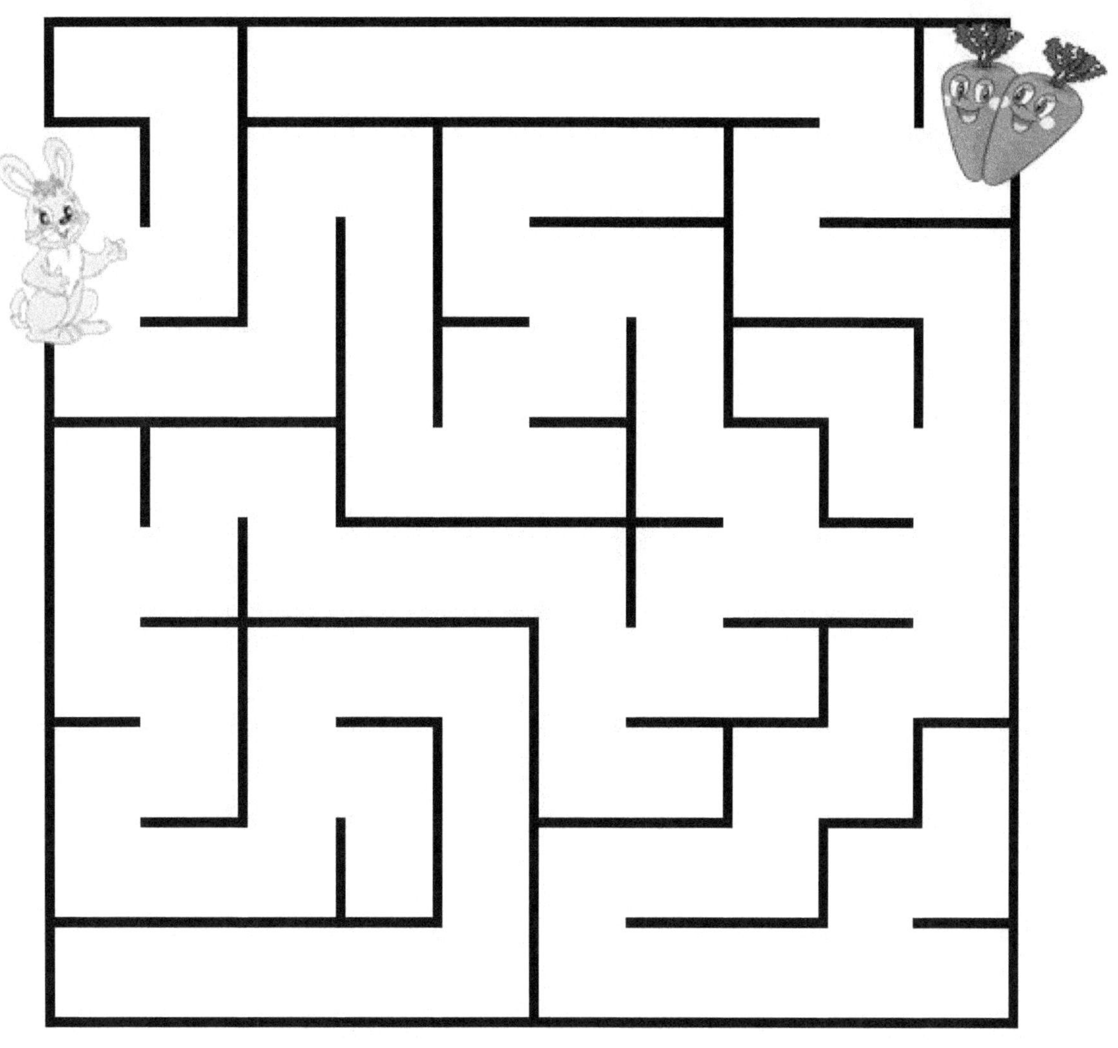

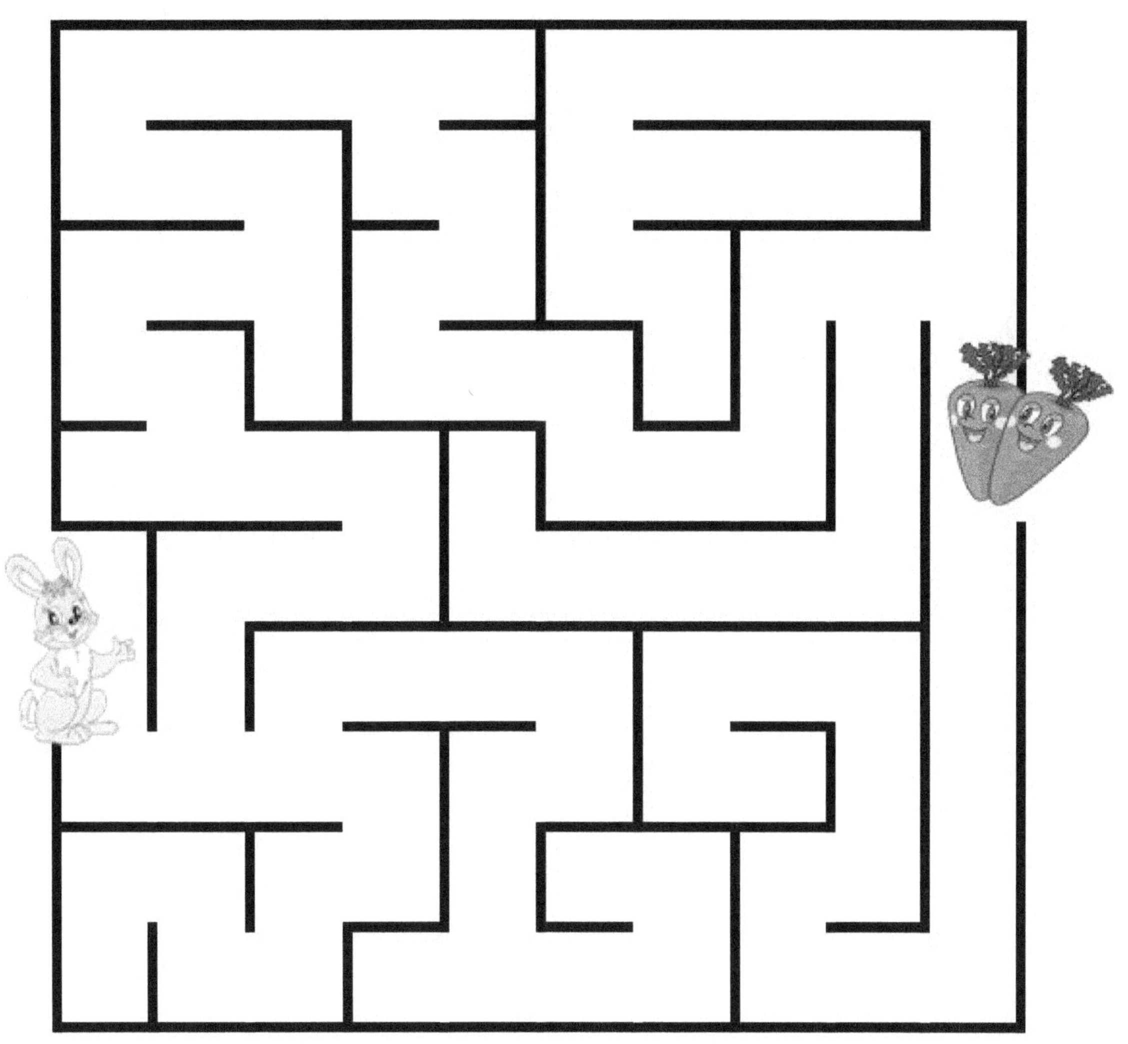

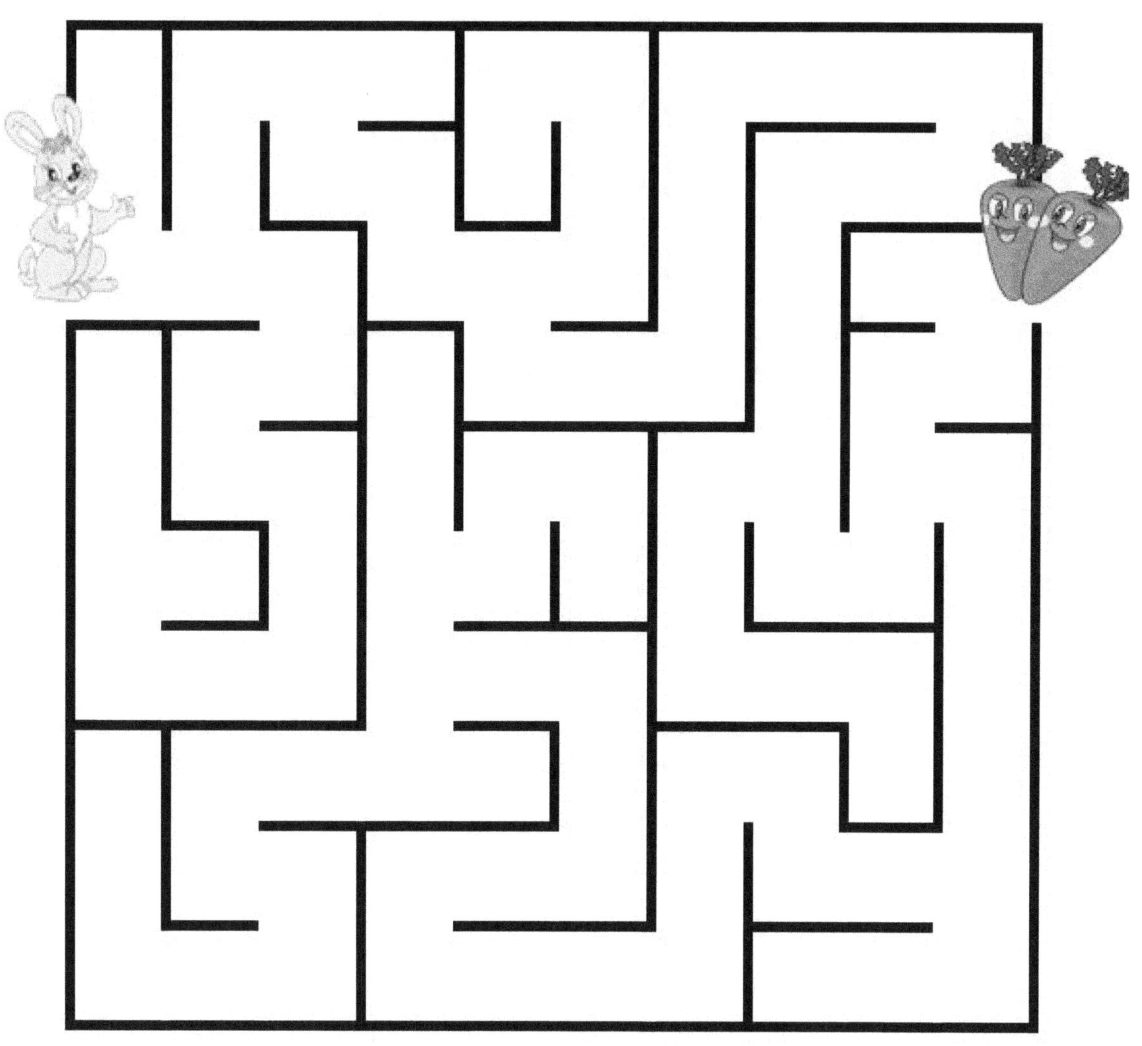

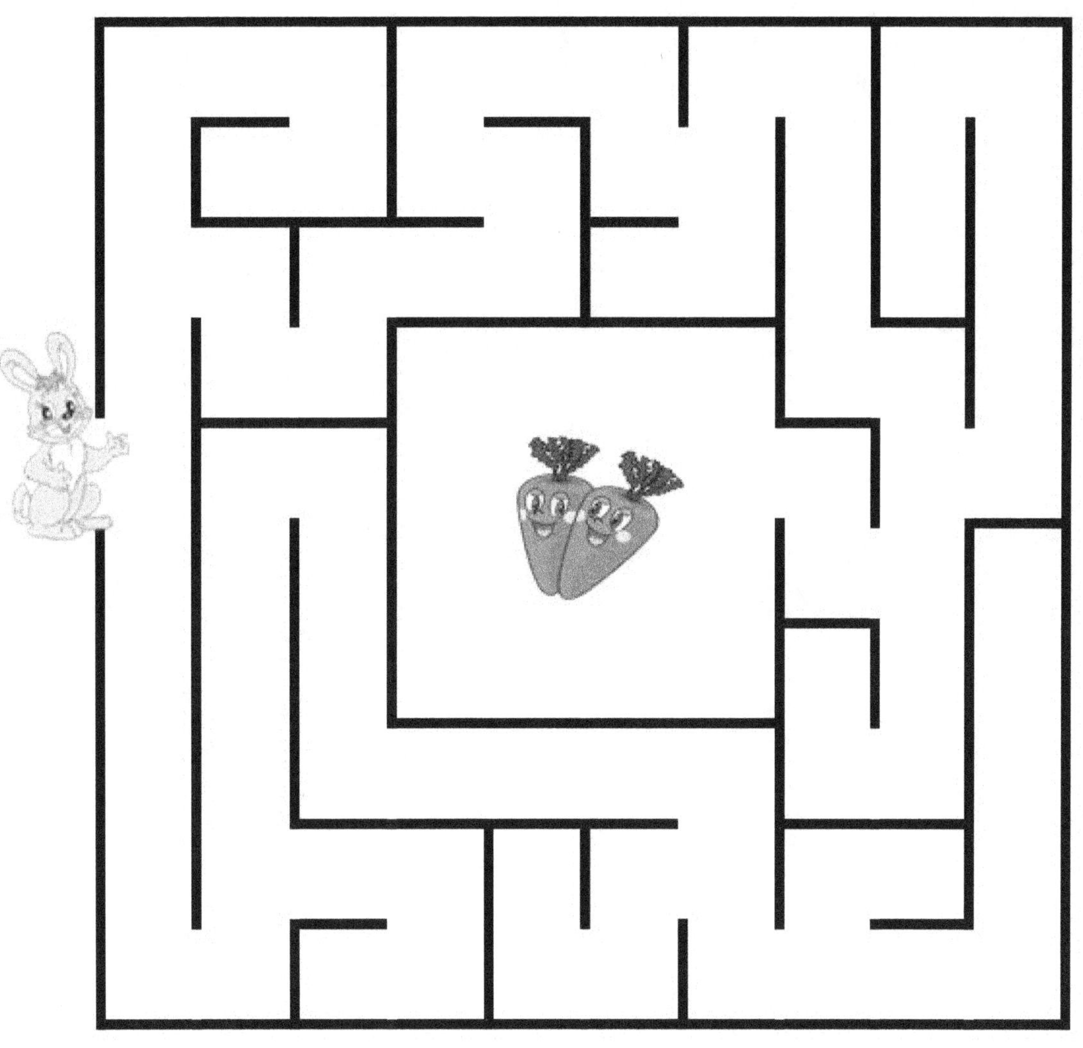

www.ingramcontent.com/pod-product-compliance
Lightning Source LLC
Chambersburg PA
CBHW081938160726
47999CB00008B/2439